中学英語スーパードリル

中1 前期

東進ハイスクール・東進ビジネススクール講師
安河内哲也 監
Yasukochi Tetsuya

東進衛星予備校・中学ネット講師
杉山一志 著
Sugiyama Kazushi

Jリサーチ出版

英語を学ぶみなさんへ

　英語学習でいちばん大切なのは「バランス」だと思います。ですが、日本の英語教育の中で英語を勉強すると、どうしてもバランスが悪くなってしまいがちなのが現状です。

　たとえば、「会話が大切だから、文法をやっちゃいけない」という極論や、「会話での英語は役に立たないので文法をやらなければならない」のような、"机の英語"と"実践の英語"のどちらかに、極端にかたよってしまうケースをよく見かけます。しかしながら、中学レベルの英文法は、実際に英語を使いこなすうえで、だれが何と言っても必要ですし、これをしっかりマスターしないことには、会話で正しい文を作るのにも苦労することになってしまいます。

　さらに近年、国公立中学での英語の学習時間は大変少なくなっており、中学で習得するべき英文法をなかなか網羅できなくなっているという現状があります。そこで本書では、中学英文法の中でも、実際に英語を使ううえでもっとも重要なポイントを絞り込み、また、日本の中学校での履修の順番の現状にも配慮したうえで、みなさんがもっとも学びやすいページ構成や順番を熟慮して作成しました。さらに、日本での高校受験とも親和性が高い形で作成してあります。文法の解説は、あまり極端にならないよう、従来型の英文法とも親和性が高く、わかりやすい解説を心がけています。

　そんな本書、『中学英語スーパードリル』シリーズでは、次のようなカリキュラムで学習を進めます。

中1

《入門編　英語の基礎知識》	《be動詞を使った文》
《形容詞の使い方》	《名詞の複数形と所有格》
《一般動詞を使った文》	《現在進行形の文》
《過去形の文》	《過去進行形の文》
《さまざまな疑問詞の使い方》	《誘いの表現　Let's ～ .》
《「～できます」 canの肯定文》	

中2

《一般動詞の復習》	《未来を表すwillとbe going to》
《さまざまな助動詞》	《命令・禁止の文》
《thereを使った文》	《不定詞》
《動名詞》	《比較を表す文》
《疑問詞which》	《形容詞・副詞》

中3	
《現在分詞・過去分詞》	《関係代名詞》
《5つの文型》	《受動態》
《to + 動詞の原形》	《間接疑問文》
《感嘆文howとwhat》	《付加疑問文》
《現在完了形》	《howを使った疑問文》
《さまざまな接続詞》	《形容詞・副詞・代名詞・数量詞》

　さて、文法はもちろん大切なのですが、従来の日本の英語学習では、文法を机の上で勉強し、理解することだけが重視されているというケースもありました。そこで本書は、そのバランスを矯正するために、すべての例文にネイティブスピーカーの音声が付属しています。ただたんに、ルールを理解して暗記するだけではなく、ネイティブスピーカーのあとに続いて例文をリピーティングし、発音練習をしたり、暗唱したりすることによって、言語の反射神経を身に付けるということを、本書では重視しています。

　外国語を習得する際には、ルールを理解したり単語を暗記したりすることに加えて、それを徹底的な音読によって反射神経に変えるという「自動化訓練」が非常に重要です。本書で学ぶみなさんはぜひ、ネイティブスピーカーによるCDを大いに利用し、英文法を"考えて使う"のではなく、自動的に使えるようになるまで、徹底的に練習してもらいたいと思います。そのことによって、高校受験で必要とされるのに十分な英文法の力を身に付けられるだけでなく、将来も役立つ英語力の基礎や、その後の大学受験やTOEIC試験にも役立つような、非常に重要な、土台となる、一生ものの文法力を身に付けることができると確信します。ぜひ、手、目、耳、口をすべて使った"練習型"の英語学習を、本書のシリーズにおいて実践してください。

安河内哲也／杉山一志

CONTENTS もくじ

英語を学ぶみなさんへ ……………… 2　　この本の特長と使い方 ……………… 6

レッスンに入る前に　～入門編～

英語の文字／アルファベット ……… 8　　英語の読み方　子音 ……………… 15
英語の書き方 ……………………… 12　　品詞について ……………………… 16
英語の読み方　母音 ……………… 14　　基本の文法用語 …………………… 17

be動詞　（レッスン1～5）

レッスン1
I am ～. と You are ～. ………… 18

レッスン2
He is ～. と She is ～. ………… 22

レッスン3
We are ～. と They are ～. …… 26

レッスン4
This is ～. と That is ～. ……… 30

レッスン5
This［名詞］is ～. と That［名詞］is ～.
……………………………… 34

形容詞　（レッスン6）

レッスン6
形容詞の使い方 …………………… 38

be動詞　（レッスン7～11）

レッスン7
These are ～. と Those are ～. ……… 42

レッスン8
These［名詞］are ～. と Those［名詞］are ～. ……………………………… 46

レッスン9
be 動詞の否定文 ………………… 50

レッスン10
be 動詞の疑問文 ………………… 54

レッスン11
be 動詞の疑問文への答え方 …… 58

名詞　（レッスン12～13）

レッスン12
いろいろな複数形の作り方 ……… 62

レッスン13
「だれだれの～」（名詞の所有格）…… 66

◆チャレンジ！　復習テスト①······································ 70

一般動詞　(レッスン14～27)

レッスン14	likeを使った肯定文············ 72
レッスン15	playを使った肯定文··········· 76
レッスン16	さまざまな一般動詞············ 80
レッスン17	否定文······················ 84
レッスン18	疑問文······················ 88
レッスン19	疑問文への答え方············ 92
レッスン20	He likes ～ . と She likes ～ . ······ 96
レッスン21	He plays ～ . と She plays ～ . ······ 100
レッスン22	sをつけるだけの三単現········ 104
レッスン23	-ies / -esの三単現············ 108
レッスン24	haveとgoの三単現············ 112
レッスン25	三単現の否定文·············· 116
レッスン26	三単現の疑問文·············· 120
レッスン27	三単現の疑問文への答え方····· 124

◆チャレンジ！　復習テスト②······································ 128

現在進行形　(レッスン28～32)

レッスン28	肯定文······················ 130
レッスン29	ingをつけるだけの動詞········ 134
レッスン30	eをとるもの・子音を重ねるもの······ 138
レッスン31	否定文······················ 142
レッスン32	疑問文と答え方·············· 146

◆チャレンジ！　復習テスト③······································ 150

★別冊　ドリルと練習問題の解答★

この本の特長と使い方

　本書は、シンプルな3つのステップを繰り返していくことで、中学校で学ぶ英文法のルールが効率的に身につきます。

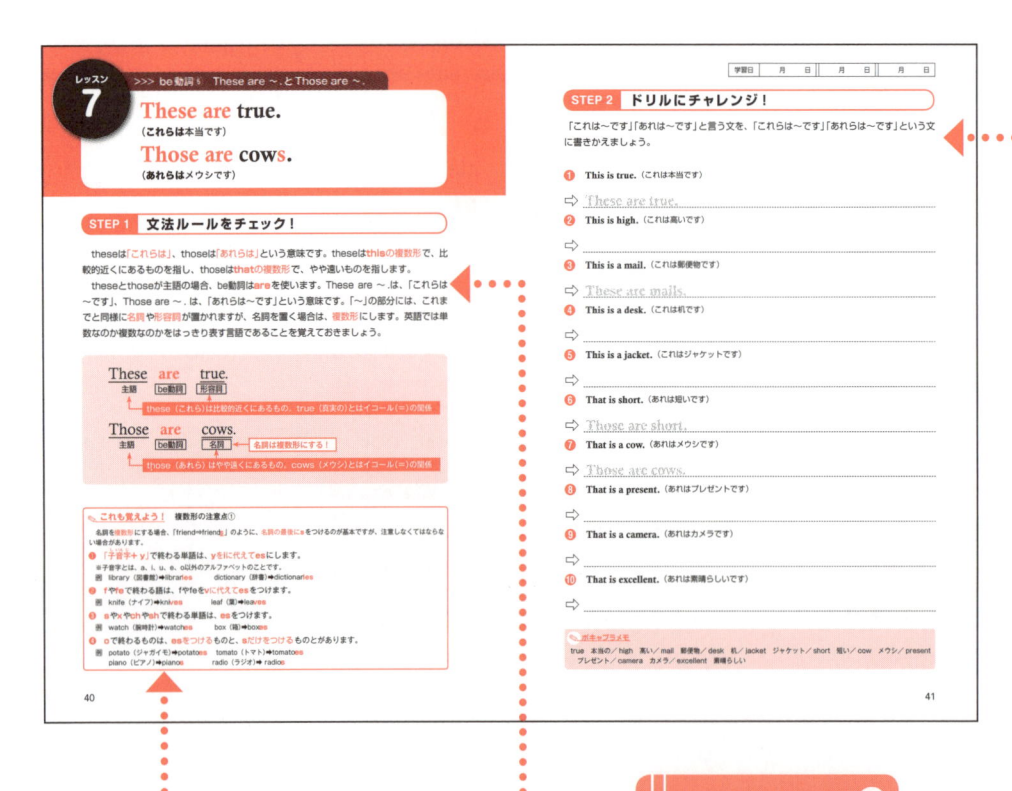

STEP 1

まずは、文法のルールをしっかり理解しましょう。そのレッスンで取り上げる英文法のルールについて、かんたんな言葉でわかりやすく解説してあります。

これも覚えよう！

英文法のルールについて、さらに知っておいた方がいいことがまとめられているコーナーです。

STEP 2

ステップ2では、ステップ1で学んだ英語の文法ルールを使って、ドリル練習に取り組みます。指示文にしたがって、英文を書き込んでみましょう。別冊を使って答え合わせをした後は、CDを使ってリスニング＆音読練習します。これによって、ステップ1で学習した文法のポイントが例文とともに頭に入り、文法ルールを自動化することができます。

STEP 3　練習問題にチャレンジ！

A thisをtheseに、thatをthoseにして全文を書きかえてみましょう。

① This is a piano.
② That is a camera.
③ This is a desk.
④ That is true.
⑤ This is excellent.

B （　）の中の語句を、日本語に合うように並べかえましょう。

① これらは郵便物です。(these / mails / are).
② あれらはプレゼントです。(are / presents / those).
③ こちらはジャケットです。(are / these / jackets).
④ あれらはメウシです。(are / those / cows).
⑤ これらは素晴らしいです。(are / these / excellent).

C 日本語を英語にしてみましょう。

① あれらはカメラです。
② これらは本当です。
③ あれらは机です。
④ こちらの方たちはお医者さん(doctor)です。
⑤ あちらの方たちは先生(teacher)です。

STEP 3

ここでは、単語並べ替えや英作文などといった練習問題に挑戦します。これによって、ステップ1とステップ2で学習した文法ルールが、きちんと身についたかどうかを確認することができます。別冊で答え合わせをして、間違ったところはもう一度ステップ1や2に戻って確認しましょう。

付属CDについて

CDには、ステップ2のドリル練習の正解英文が、すべて収録されています。「番号（英語）→英文→無音部分→英文」という順で、音声が収録されています。1回目の英語音声を聴いてから、無音部分を使ってリピート（音読）練習をしてみましょう。そして、2回目の英語音声は、音の確認をしたり、一緒に暗唱したりするのに使ってください。

レッスンに入る前に～入門編～

本格的に英語の学習に入る前に、英語の基礎の基礎について知っておきましょう。

1 英語の文字 アルファベット

英語の文字はアルファベットといって、全部で26個あり、さらに大文字と小文字の2パターンがあります。まずはこれについて、書いて練習してみましょう。

大文字　　　　　　　　　小文字

A　　　　　　　　　a

[éi] エイ

B　　　　　　　　　b

[bí:] ビー

C　　　　　　　　　c

[sí:] シー

D　　　　　　　　　d

[dí:] ディー

E　　　　　　　　　e

[í:] イー

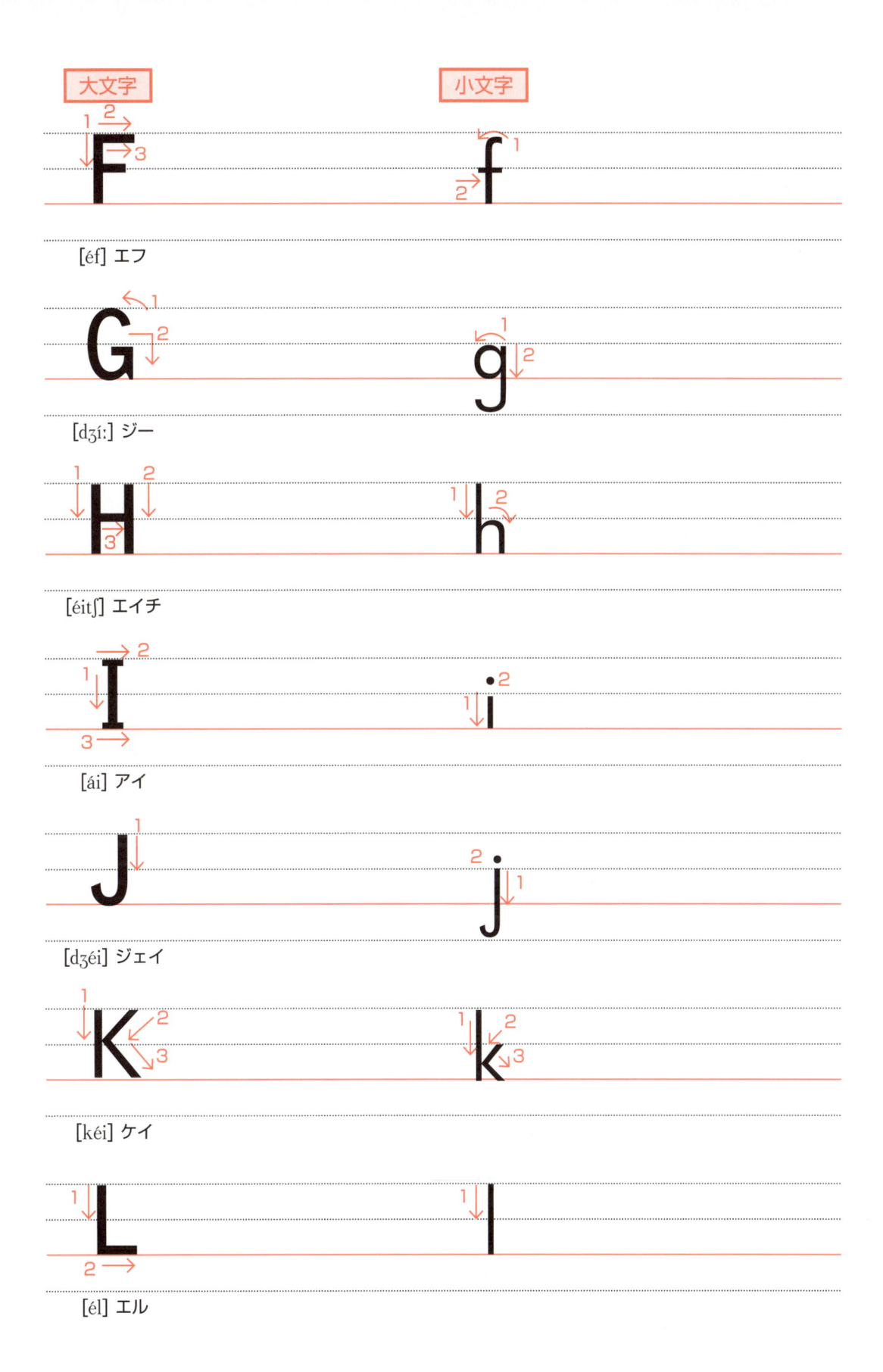

| 大文字 | 小文字 |

F f
[éf] エフ

G g
[dʒíː] ジー

H h
[éitʃ] エイチ

I i
[ái] アイ

J j
[dʒéi] ジェイ

K k
[kéi] ケイ

L l
[él] エル

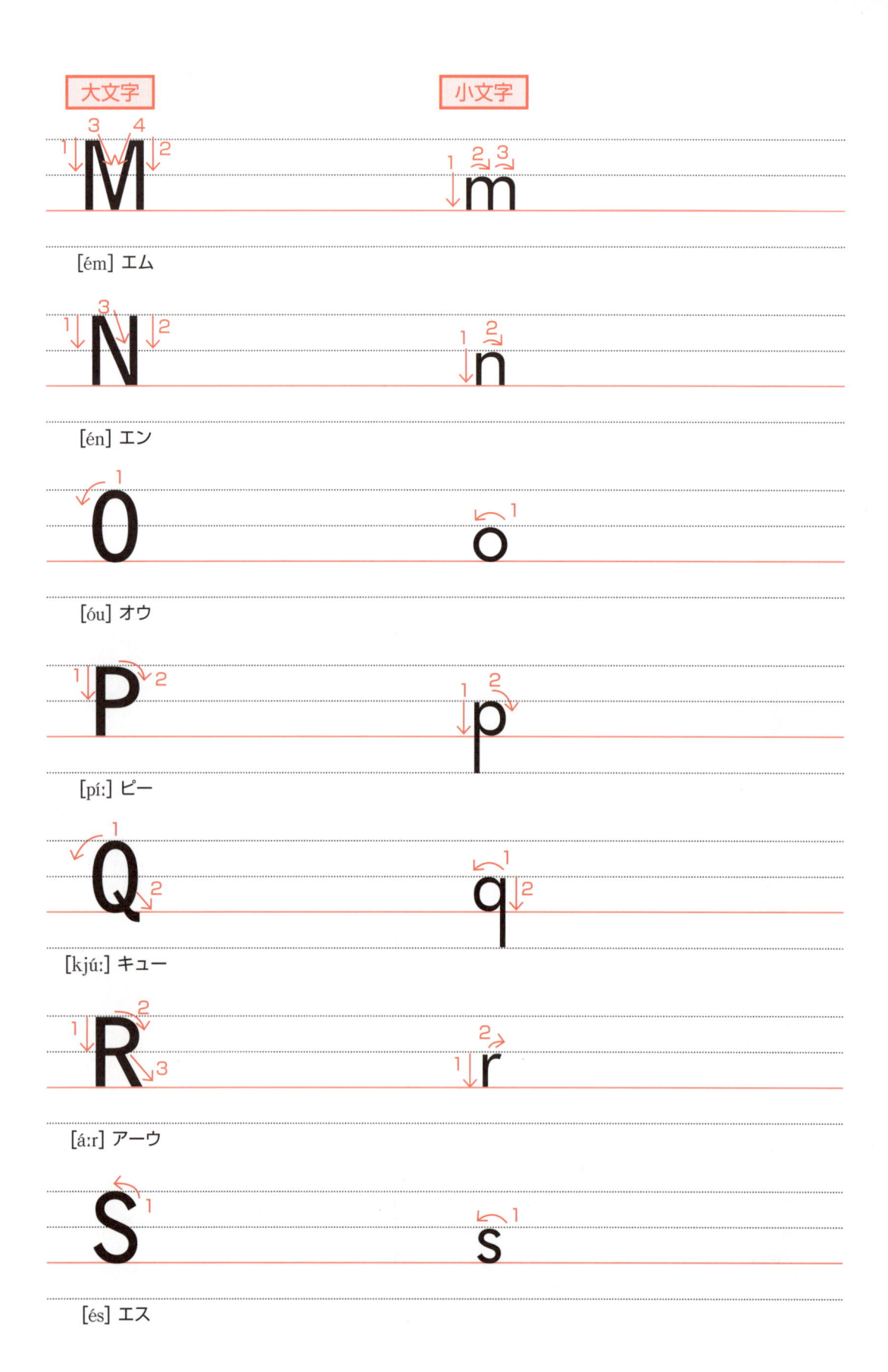

大文字	小文字
M	m

[ém] エム

| N | n |

[én] エン

| O | o |

[óu] オウ

| P | p |

[píː] ピー

| Q | q |

[kjúː] キュー

| R | r |

[áːr] アーウ

| S | s |

[és] エス

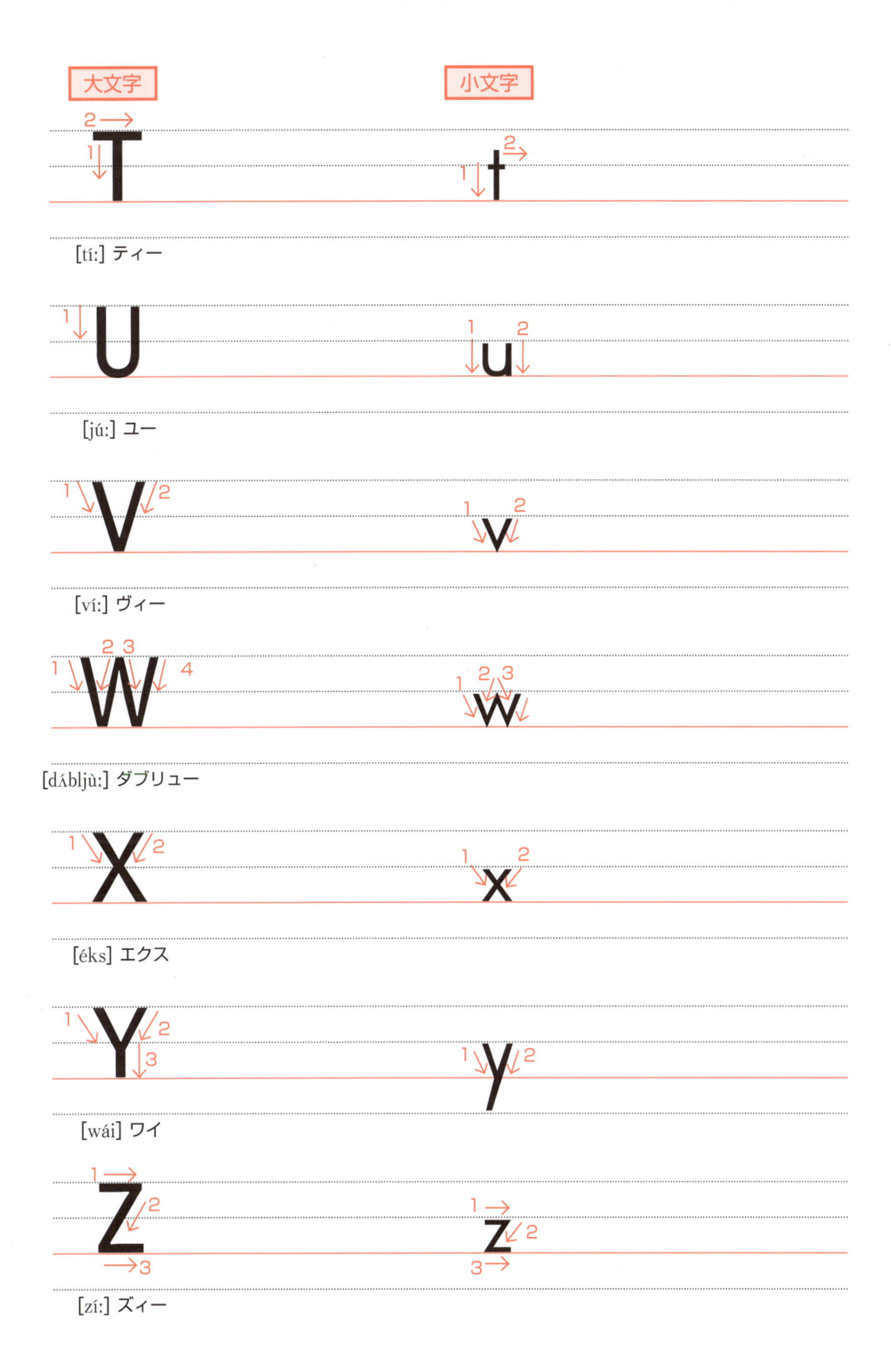

大文字	小文字
T	t

[tíː] ティー

| U | u |

[júː] ユー

| V | v |

[víː] ヴィー

| W | w |

[dʌ́bljùː] ダブリュー

| X | x |

[éks] エクス

| Y | y |

[wái] ワイ

| Z | z |

[zíː] ズィー

2 英語の書き方

単語の書き方

アルファベットの組み合わせでできた、1つ以上の意味を持つものを単語といいます。単語を書くときは、文字と文字の間をくっつけすぎたり離しすぎたりしないように気を付けましょう。

【例】

book　　　book　　　b o o k
ちょうどいい　　くっつけすぎ　　　はなれすぎ

最初を大文字にする単語

人名や地名などの固有名詞は、最初を大文字にします。
　【例】Suzuki Akiko（鈴木明子）　Tom（トム〈男性の名前〉）　Japan（日本）
曜日と暦の月の名前も、最初を大文字にします。
　【例】Sunday（日曜日）　January（1月）
「私は」という意味をもつIという単語は、常に大文字にします。

英文の書き方

文の最初の1文字は大文字にします。また、単語と単語の間はくっつけず、小文字が1文字入るくらいのスペースをあけ、文の最後には、日本語の句点〈。〉にあたるピリオド〈.〉を、スペースをあけずにつけます。何かをたずねる文＝疑問文の場合は、ピリオドではなくクエスチョンマーク〈?〉を、強い感情を表す文＝感嘆文の場合は、エクスクラメーションマーク〈!〉をつけます。

よく使う英語の符号

●ピリオド〈.〉…ふつうの文の最後につけます。省略を表すこともあります。
●カンマ（コンマ）〈,〉…Yes, I am. やNo, I don't.のように、YesやNoの後ろにつけます。文を意味のカタマリで区切るときにも使います。
●クエスチョンマーク（疑問符）〈?〉…疑問文の最後につけます。
●エクスクラメーションマーク（感嘆符）〈!〉…感嘆文の最後につけます。
●アポストロフィー〈'〉…たとえばI amをI'mとするように、短縮形を作るときに使います。また、Tom's（トムの）のように、名詞の所有を表現するときにも使います。

英語を書いてみよう！

さっそく、英語を書く練習を少しやってみましょう。お手本をまねて、単語や文を書き込んでみてください。

dog dog dog
(イヌ)

cat cat cat
(ネコ)

boy boy boy
(少年)

girl girl girl
(少女)

Japan Japan
(日本)

America America
(アメリカ)

Sunday Sunday
(日曜日)

January January
(1月)

Good morning.
(おはよう)

Thank you.
(ありがとう)

3 英語の読み方

母音（ぼいん）

英語は、日本語の仮名のように、文字と音が100％イコールで結ばれているわけではありません。1つのアルファベットがいくつかの音をもつ場合があります。これを学習するのに便利なのが発音記号（はつおんきごう）です。発音記号は「読みカナ」のような役目をはたします。日本語の母音は「アイウエオ」だけですが、英語の母音はたくさんあります。

発音記号	[æ]	[ʌ]	[ə]	[ər]
近い音	ェア	アッ	ア	アァ
例（意味）	cat（ネコ）	money（金）	Japan（日本）	sister（姉）
発音記号	[kǽt]	[mʌ́ni]	[dʒəpǽn]※1	[sístər]

[ɑːr]	[əːr]	[ai]	[au]	[ei]
アー	アー	アイ	アウ	エイ
car（自動車）	girl（少女）	ice（氷）	out（外に）	play（する）
[kɑ́ːr]	[gə́ːrl]	[áis]	[áut]	[pléi]

[iː]	[iər]	[u]	[uː]	[uər]
イー	イアァ	ウ	ウー	ウアァ
eat（食べる）	tear（涙）	book（本）	food（食べ物）	sure（たしかな）
[íːt]	[tíər]	[búk]	[fúːd]	[ʃúər]

[e]	[ei]	[ɛər]	[ɑ]	[ɔː]
エ	エイ	エアァ	ア	オー
desk（机）	table（テーブル）	wear（着る）	hot（暑い）	all（全部）
[désk]	[téibl]	[wɛ́ər]	[hɑ́t | hɔ́t]※2	[ɔ́ːl]

[ɔːr]	[ɔi]	[ou]		
オーァ	オイ	オウ		
door（ドア）	oil（油）	open（開ける）		
[dɔ́ːr]	[ɔ́il]	[óupən]		

※1 あいまいな音です
※2 [hɔ́t]は主にイギリスで使われる音。

子音

　母音以外の音を子音と言います。日本語にはない音もたくさんあります。少しずつ身につけていきましょう。

発音記号 → [l] 近い音 → ル 例(意味) → look (見る) 発音記号 → [lúk]	[r] ゥル room (部屋) [rú:m]	[θ] ス throw (投げる) [θróu]
[ð] ズ this (これ) [ðís]	[ʃ] シュ sure (たしかな) [ʃúər]	[ʒ] ジュ vision (ビジョン) [víʒən]	[f] フ far (遠い) [fá:r]
[v] ヴ vase (花びん) [véis]	[p] プ pen (ペン) [pén]	[b] ブ book (本) [búk]	[h] ハ have (持つ) [həv]
[t] トゥ today (今日) [tədéi]	[d] ドゥ door (ドア) [dɔ́:r]	[tʃ] チュ child (子供) [tʃáild]	[dʒ] ヂュ job (仕事) [dʒáb]
[k] ク cook (料理する) [kúk]	[g] グ good (よい) [gúd]	[j] イ yes (はい) [jés]	[w] ウ west (西) [wést]
[m] ム moon (月) [mú:n]	[n] ンヌ noon (正午) [nú:n]	[s] ス sing (歌う) [síŋ]	[ŋ] ング song (歌) [sɔ́:ŋ]

4 品詞について

単語を、その形態や働きによって種類分けしたものを、「品詞」といいます。これから英語という言葉を勉強するためにこれを知っておくと、とても便利です。

名詞 名　　人や物などの名前を表す言葉

book（本）やDavid（デイビッド）やLondon（ロンドン）などのように、いろいろな物や人、生き物や場所などの名前を表します。ペンやリンゴのように、1本、2個…と数えられるものと、水のように個数で数えられないものとがあります。

動詞 動　　動きや状態を表す言葉

「～です」「～にある（いる）」という意味を持つbe動詞と、eat（食べる）やknow（知っている）のような、さまざまな動き・状態を表す一般動詞があります。

形容詞 形　　名詞を説明(修飾)する言葉

たとえば、cat（ネコ）という名詞にwhite（白い）という説明を加えると、white cat（白いネコ）になります。このように、名詞を説明する品詞を「形容詞」と呼びます。何かを説明して飾ることを、「修飾する」と言います。

副詞 副　　名詞以外を修飾する言葉

たとえば、「速く走る」の「速く」は、「走る」という動詞を修飾しています。また、「とてもかわいい」の「とても」は、「かわいい」という形容詞を修飾しています。このように、主に動詞や形容詞を修飾するのが副詞です。また、副詞は、別の副詞を修飾することもできます。

代名詞 代　　名詞をくり返さないための言葉

同じ名詞のくり返しを避けるために使います。たとえば、the computer（そのコンピュータ）を2度目に使うときに、代名詞のthis（これ）、that（あれ）、it（それ）などで表現します。代名詞には、he（彼は）やshe（彼女は）のように、人を表す人称代名詞というのもあります（くわしくは66ページで学習します）。

冠詞 冠　　名詞の前につけるa [an]とthe

a [an]は「1つの～」という意味で、不特定の名詞の前につけます。theは「その～」という意味で、特定の名詞の前につけます。apple（リンゴ）のような、名詞の発音が母音で始まる単語の前では、aではなくanをつけます。なお、a [an]は、1本、2個…と数えられる名詞だけにつけます。theは、数えられるものと数えられないものの両方につけられます。

疑問詞 疑　　具体的な質問内容を表す言葉

「どこ」「いつ」「なぜ」「何」「どのようにして」などのように、相手に具体的な質問をするときに使う言葉です。

前置詞 前　　名詞の前で場所や時などを表す言葉

名詞の前に置いて、「～の中に」「～の上に」「～から」のように場所や時などを表し、意味のカタマリを作ります。

| 接続詞 接 | 単語や文をつなげる言葉 | 助動詞 助 | 動詞を助ける言葉 |

単語と単語、文と文など、さまざまな要素をつなげる働きをします。

動詞を助ける言葉で、意味を追加します。英語では、動詞の前に置きます。

5 基本の文法用語

これから、とくに英語の文法を学習するにあたって、知っておくととても便利な専門の言葉がいくつかあります。

主語

文の中で「～は」「～が」にあたる言葉で、英語では文の先頭に置かれます。名詞のはたらきをする言葉だけが主語になれます。Sという記号で表します。

述語

英文の中で「～である」「～する」にあたる言葉で、必ず動詞が使われます。英語では、主語の直後に置かれます。述語動詞とも呼ばれ、Vという記号で表します。

目的語

おもに述語の後ろに置かれる名詞や代名詞で、「～を」や「～に」にあたります。Oという記号で表します。

補語

主語や目的語を説明する言葉で、名詞、代名詞、形容詞がこれになれます。Cという記号で表します。

修飾語(句)

名詞や動詞についてくわしく説明する言葉を修飾語(句)といいます。名詞を説明する形容詞、動詞を説明する副詞などがこれにあたります。

語

apple（リンゴ）やwalk（歩く）のような、1つ1つの単語のことです。

句

in the park（公園の中で）やto play soccer（サッカーをすること）のように、2つ以上の語が組み合わさってできる、意味のカタマリを句と言います。

節

when you are busy（あなたが忙しいとき）のように、主語と動詞が入っている意味のカタマリを節といいます。

文

「SがVする」のように、大文字で始まり最後にピリオドが置かれた英単語の集まりのことを文といいます。

レッスン 1 >>> be動詞① I am ～.と You are ～.

I am Mike. / I am a teacher.
（私はマイクです）　　　　（私は教師です）
You are cute.
（あなたはかわいいです）

STEP 1　文法ルールをチェック！

　I am ～ .は「私は～です」、You are ～ .は「あなたは～です」という意味です。Iは「私は」、youは「あなたは」で、このように文の中で「～は」にあたる語を主語といいます。
　amやareは「です」という意味で、be動詞といいます。be動詞はその前後のことばを「＝」で結ぶ働きをし、文の主語によって形がちがいます。主語がIならam、youならareです。I amはI'm、you areはyou'reと短縮できます。
　be動詞の後ろには、「田中健一」のような名前や、student（生徒）のような職業などを表す名詞や、young（若い）のような、人の様子や見た目を表す形容詞が置かれます。

```
I        am        Mike.              = I'm Mike.
主語   [be動詞]   名詞(人名)                 ↑ 短縮形
        └─ I（私）とMike（マイク）はイコールの関係！

I        am        a teacher.         = I'm a teacher.
主語   [be動詞]   名詞（職業）                ↑ 短縮形
        └─ I（私）とteacher（教師）はイコールの関係！

You      are       cute.              = You're cute.
主語   [be動詞]   形容詞（様子や外見）         ↑ 短縮形
        └─ you（あなた）とcute（かわいい）はイコールの関係！
```

　なお、I am a teacher.という文のteacherのような、職業などを表す名詞の前には a をつけます。ただし、その名詞の発音が母音（アイウエオのような音）で始まる場合は an をつけます。たとえばapple（リンゴ）などはそれにあたり、an appleとなります。

STEP 2　ドリルにチャレンジ！

「私は〜です」「あなたは〜です」という文を作りましょう。❻〜❿は短縮形を使ってみましょう。

❶　私はマイク（**Mike**）です。

⇨　I am Mike.

❷　私は教師です。［教師：a teacher］

⇨　

❸　あなたは生徒です。［生徒：a student］

⇨　

❹　あなたは歌手です。［歌手：a singer］

⇨　

❺　あなたは少年です。［少年：a boy］

⇨　

❻　私は若いです。［若い：young］

⇨　I'm young.

❼　私は忙しいです。［忙しい：busy］

⇨　

❽　私は疲れています。［疲れている：tired］

⇨　

❾　あなたは裕福です。［裕福な：rich］

⇨　

❿　あなたは行動的です。［行動的な：active］

⇨　

ボキャブラメモ　teacher　教師／student　生徒／singer　歌手／boy　少年／young　若い／busy　忙しい／tired　疲れている／rich　裕福な／active　行動的な

STEP 3 練習問題にチャレンジ！

A （　）の中から正しいものを選んで丸で囲みましょう。

① I (am / are) a teacher.

② You (are / am) a singer.

③ I (are / am) Takeshi.

④ You (am / are) busy.

⑤ I (am / are) rich.

B （　）の中の語句を、日本語に合うように並べかえましょう。

① 私は疲れています。(I / tired / am).

------

② あなたは行動的です。(are / active / you).

------

③ 私は歌手です。(am / I / singer / a).

------

④ あなたは少年です。(are / you / a / boy).

------

⑤ 私はミカです。(Mika / I / am).

| 学習日 | 月 | 日 | 月 | 日 | 月 | 日 |

C 日本語を英語にしてみましょう。

① 私は生徒です。

------

② 私は忙しいです。

------

③ 私はマイク(Mike)です。

------

④ あなたは教師です。

------

⑤ あなたは若いです。

ボキャブラ最終チェック　このレッスンで出てきた語のスペルと音を確認しよう。

□teacher	[tíːtʃər]	名 教師	□student	[stjúːdnt]	名 生徒
□singer	[síŋər]	名 歌手	□boy	[bɔ́i]	名 少年
□young	[jʌ́ŋ]	形 若い	□busy	[bízi]	形 忙しい
□tired	[táiərd]	形 疲れている	□rich	[rítʃ]	形 裕福な
□active	[ǽktiv]	形 行動的な			

★ドリルと練習問題の答えは別冊P1へ！

レッスン2 >>> be動詞② He is 〜.と She is 〜.

She is a writer.
（彼女は作家です）
He is kind.
（彼は親切です）

STEP 1　文法ルールをチェック！

　He is 〜 . は「彼は〜です」、She is 〜 . は「彼女は〜です」という意味です。**he**は「彼は」、**she**は「彼女は」で、これらは文の中で「〜は」にあたる語なので、レッスン1で学んだように主語といいます。

　is は「です」という意味で、amやareと同様に**be**動詞です。be動詞はその前後のことばを「＝」で結ぶ働きをし、文の主語によって形がちがいます。主語がheやsheのときは**is**を使います。he isは**he's**、she isは**she's**と短縮できます。

　be動詞の後ろには、名前や職業などを表す名詞や、人の様子や見た目を表す形容詞が置かれます。

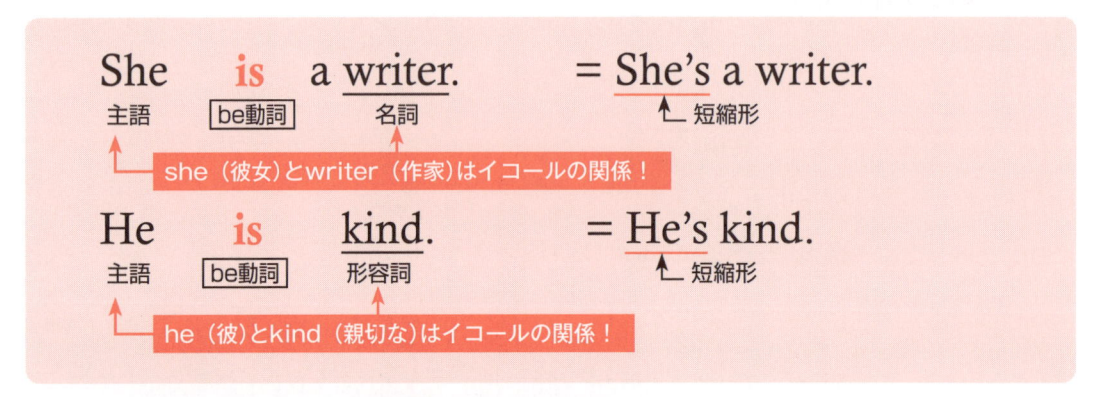

```
She     is    a writer.       = She's a writer.
主語  [be動詞]  名詞                 ↑ 短縮形
       she（彼女）とwriter（作家）はイコールの関係！

He     is    kind.            = He's kind.
主語  [be動詞]  形容詞                ↑ 短縮形
       he（彼）とkind（親切な）はイコールの関係！
```

ここまで学んだことを、一度整理してみましょう。

主語	be動詞	意味
I	am	私は〜です
you	are	あなたは〜です
he	is	彼は〜です
she	is	彼女は〜です

> heやsheだけでなく、TomやMaryのような、（Iとyou以外の）1人の人物が主語ならば、be動詞はisを使います。

　前のレッスンで学習した、「名詞の前につける**a**や**an**」は、冠詞という品詞です。これは「1つの」という意味をもっています。

STEP 2　ドリルにチャレンジ！

「彼は〜です」「彼女は〜です」という文を作りましょう。❻〜❿は短縮形を使ってみましょう。

❶　彼はボブ(Bob)です。

⇨ He is Bob.

❷　彼は料理人です。[料理人：a cook]

⇨ _____

❸　彼女は作家です。[作家：a writer]

⇨ She is a writer.

❹　彼女は看護師です。[看護師：a nurse]

⇨ _____

❺　彼女は音楽家です。[音楽家：a musician]

⇨ _____

❻　彼は正直です。[正直な：honest]

⇨ He's honest.

❼　彼は健康です。[健康な：healthy]

⇨ _____

❽　彼は背が高いです。[背が高い：tall]

⇨ _____

❾　彼女は病気です。[病気の：sick]

⇨ She's sick.

❿　彼女はおだやかです。[おだやかな：calm]

⇨ _____

ボキャブラメモ　cook　料理人／writer　作家／nurse　看護師／musician　音楽家／honest　正直な／healthy　健康な／tall　背が高い／sick　病気の／calm　おだやかな

STEP 3　練習問題にチャレンジ！

A　（　　）の中から正しいものを選んで丸で囲みましょう。

① He (am / is) a nurse.

② She (are / is) a cook.

③ He (is / am) sick.

④ She (am / is / are) healthy.

⑤ He (am / is / are) Bob.

B　（　　）の中の語句を、日本語に合うように並べかえましょう。

① 彼は正直です。(he / honest / is).

② 彼女は健康です。(is / healthy / she).

③ 彼は背が高いです。(is / he / tall).

④ 彼女は教師です。(a / is / she / teacher).

⑤ 彼は音楽家です。(a / is / he / musician).

C 日本語を英語にしてみましょう。

① 彼は作家です。

_____

② 彼女は料理人です。

_____

③ 彼は病気です。

_____

④ 彼女は背が高いです。

_____

⑤ 彼はおだやかです。

_____

ボキャブラ最終チェック　このレッスンで出てきた語のスペルと音を確認しよう。

□cook	[kúk]	名 料理人	□writer	[ráitər]	名 作家
□nurse	[nə́ːrs]	名 看護師	□musician	[mjuːzíʃən]	名 音楽家
□honest	[ánist]	形 正直な	□healthy	[hélθi]	形 健康な
□tall	[tɔ́ːl]	形 背が高い	□sick	[sík]	形 病気の
□calm	[káːm]	形 おだやかな			

★ドリルと練習問題の答えは別冊P1へ！

レッスン 3 >>> be動詞③ We are ~. と They are ~.

We are friends.
（私たちは友だちです）
They are very busy.
（彼らはとても忙しいです）

STEP 1　文法ルールをチェック！

　We are ~ . は「私たちは~です」、They are ~ . は「彼［彼女；それ］らは~です」という意味です。weは「私たちは」、theyは「彼らは」で、いずれも主語になり、be動詞はareを使います。be動詞の後ろには、名前や職業などを表す名詞や、人の様子や見た目を表す形容詞が置かれます。we areはwe're、they areはthey'reと短縮できます。youには「あなたたちは」の意味もあり、「あなたたちは~です」もYou are ~ .です。

　また、例文中のveryは「とても」という意味の単語で、形容詞の前に置くとその形容詞を強められます。たとえば「忙しい」という形容詞busyの前に置いてvery busyとすると、「とても忙しい」という意味になります。

We	are	friends.	= We're friends.
主語	be動詞	名詞	↑短縮形

They	are	very	busy.	= They're very busy.
主語	be動詞	「とても」	形容詞	↑短縮形

ここまで学んだことを、一度整理してみましょう。

主語	be動詞	意味
I	am	私は~です
you	are	あなた(たち)は~です
he / she	is	彼[彼女]は~です
we / they	are	私たち[彼ら;彼女ら;それら]は~です

weやthey以外にも、たとえばケンとアキ(Ken and Aki)のように、複数の人物が主語なら、be動詞はareになります。andは「~と」という意味で、さまざまな言葉と言葉をつなげる役割を果たします。

✎ これも覚えよう！　名詞の単数・複数

「私たち」「彼ら」「あなたたち」のように、2人(つ)以上のものを「複数」と呼びます。それに対して、1人(つ)の場合を「単数」と呼びます。名詞が単数の場合はその前に冠詞のaかanをつけますが、複数の場合は、名詞の最後にsをつけます。たとえば名詞friend（友だち）の場合、1人ならa friend（単数形）、複数ならfriends（複数形）となります。

| 学習日 | 月 日 | 月 日 | 月 日 |

STEP 2　ドリルにチャレンジ！

CD 04

「私たちは〜です」「彼[彼女]らは〜です」という文を作りましょう。❻〜❿は短縮形を使ってみましょう。

❶　私たちは友だちです。[友だち：friends]

⇨ We are friends.

❷　私たちはパイロットです。[パイロット：pilots]

⇨ _____

❸　私たちは生徒です。[生徒：students]

⇨ _____

❹　彼らは医者です。[医者：doctors]

⇨ They are doctors.

❺　彼らはマンガ家です。[マンガ家：cartoonists]

⇨ _____

❻　私たちはとても悲しいです。[とても悲しい：very sad]

⇨ We're very sad.

❼　私たちはとても幸せです。[とても幸せな：very happy]

⇨ _____

❽　彼らは有名です。[有名な：famous]

⇨ _____

❾　彼らは日本人です。[日本人の：Japanese]

⇨ _____

❿　彼らはとても忙しいです。[とても忙しい：very busy]

⇨ _____

✏️ ボキャブラメモ　friend　友だち／pilot　パイロット／student　生徒／doctor　医者／cartoonist　マンガ家／very　とても／sad　悲しい／happy　幸せな／famous　有名な／Japanese　日本人の／busy　忙しい

27

STEP 3　練習問題にチャレンジ！

A　(　　)の中から正しいものを選んで丸で囲みましょう。

① We (is / are) teachers.

② They (are / is) pilots.

③ We (is / am / are) friends.

④ They (am / is / are) kind.

⑤ We (are / am / is) very busy.

B　(　　)の中の語句を、日本語に合うように並べかえましょう。

① 私たちは日本人です。(we / Japanese / are).

② 彼らはとても健康です。(are / healthy / they / very).

③ 彼らは有名です。(are / they / famous).

④ 私たちはとても悲しいです。(are / we / sad / very).

⑤ 彼らは友だちです。(are / they / friends).

C 日本語を英語にしてみましょう。

① 彼らは生徒です。

------

② 私たちは医者です。

------

③ 彼らはとても忙しいです。

------

④ 私たちはとても幸せです。

------

⑤ 彼らはとても悲しんでいます。

ボキャブラ最終チェック　このレッスンで出てきた語のスペルと音を確認しよう。

□friend	[frénd]	名	友だち	□pilot	[páilət]	名	パイロット
□student	[stjúːdnt]	名	生徒	□doctor	[dáktər]	名	医者
□cartoonist	[kɑːrtúːnist]	名	マンガ家	□very	[véri]	副	とても
□sad	[sæd]	形	悲しい	□happy	[hǽpi]	形	幸せな
□famous	[féiməs]	形	有名な	□Japanese	[dʒæpəníːz]	形	日本人の
□busy	[bízi]	形	忙しい	□teacher	[tíːtʃər]	名	教師
□kind	[káind]	形	親切な	□healthy	[hélθi]	形	健康な

★ドリルと練習問題の答えは別冊P2へ！

レッスン 4 >>> be動詞④ This is ～. と That is ～.

This is a book.
（**これは**本です）

That is a good piano.
（**あれは**よいピアノです）

STEP 1　文法ルールをチェック！

thisは「これは」という意味で、比較的近いものを指すときに使われます。**that**は「あれは」で、thisより少し遠いものを指すときに用いられます。thisやthatを主語にして、This is ～ . やThat is ～ . という形の文で「これは～です」「あれは～です」という文を作れます。be動詞は**is**を使い、「～」の部分には、これまでと同様に名詞や形容詞が置かれます。that isは**that's**と短縮できます。

たとえば**This is Mike.**のように、「～」の部分に人の名前を置いて、人を紹介するときにも使えます。その場合、thisは「こちらは」、thatは「あちらは」とするとよいでしょう。

```
This      is      a       book.
近くのもの [be動詞] 冠詞    名詞

That      is      a       good      piano.   =  That's a good piano.
遠くのもの [be動詞] 冠詞    形容詞    名詞              ↑短縮形
```

主語	be動詞	意味
I	am	私は～です
you	are	あなたは～です
he / she	is	彼 / 彼女　は～です
this / that	is	これ / あれ　は～です
we / you / they	are	私たち / あなたたち / 彼ら；彼女たち；それら　は～です

✎ **これも覚えよう！**　形容詞＋名詞

これまで、なにかの状態や様子を表す形容詞は、主語＋be動詞の後に単体で置いて使ってきました。この時の形容詞は、主語の様子や状態を説明するという働きをしています。ですが形容詞にはもう1つ、名詞の前に置いて、名詞を説明するという働きがあります。この働きを、修飾といいます。くわしくはこのあとレッスン6で学習します。

STEP 2　ドリルにチャレンジ！

「これは〜です」「あれは〜です」という文を作りましょう。❻〜❿は短縮形を使ってみましょう。

❶　こちらはマイク(Mike)です。

⇒ This is Mike.

❷　これは銀行です。［銀行：a bank］

⇒ _____

❸　これは窓です。［窓：a window］

⇒ _____

❹　これは大きな駅です。［大きな駅：a large station］

⇒ _____

❺　これは美しいです。［美しい：beautiful］

⇒ _____

❻　あれはカップです。［カップ：a cup］

⇒ That's a cup.

❼　あれはリンゴです。［リンゴ：an apple］

⇒ _____

❽　あれはオレンジです。［オレンジ：an orange］

⇒ _____

❾　あれは小さいです。［小さい：small］

⇒ _____

❿　あれはよいピアノです。［よいピアノ：a good piano］

⇒ _____

📖 **ボキャブラメモ**　bank 銀行／window 窓／large 大きい／station 駅／beautiful 美しい／cup カップ／apple リンゴ／orange オレンジ／small 小さい／good よい／piano ピアノ

STEP 3　練習問題にチャレンジ！

A　(　　)の中から正しいものを選んで丸で囲みましょう。

① This (am / is) a piano.

② That (are / is) a cup.

③ This (is / am) an apple.

④ That (is / are) a window.

⑤ This (is / are) an orange.

B　(　　)の中の語句を、日本語に合うように並べかえましょう。

① これは銀行です。(this / bank / is / a).

② あれは美しいです。(is / beautiful / that).

③ こちらはデイビッドです。(is / this / David).

④ あちらは先生です。(a / is / that / teacher).

⑤ あれは大きな駅です。(a / that's / station / large).

C 日本語を英語にしてみましょう。

① こちらはマイク(Mike)です。

---

② あれは小さいです。

---

③ これはオレンジです。

---

④ これはよいピアノです。

---

⑤ あれは美しいです。

ボキャブラ最終チェック　このレッスンで出てきた語のスペルと音を確認しよう。

□bank	[bǽŋk]	名 銀行	□window	[wíndou]	名 窓
□large	[láːrdʒ]	形 大きい	□station	[stéiʃən]	名 駅
□beautiful	[bjúːtəfəl]	形 美しい	□cup	[kʌ́p]	名 カップ
□apple	[ǽpl]	名 リンゴ	□orange	[ɔ́ːrindʒ]	名 オレンジ
□small	[smɔ́ːl]	形 小さな	□good	[gúd]	形 よい
□piano	[piǽnou]	名 ピアノ	□teacher	[tíːtʃər]	名 教師

★ドリルと練習問題の答えは別冊P2へ！

レッスン 5 >>> be動詞⑤　This[名詞]is ～．と That[名詞]is ～．

This girl is cute.
（この少女はかわいいです）

That man is a pilot.
（あの男性はパイロットです）

STEP 1　文法ルールをチェック！

　thisとthat は単数形の名詞を後ろに置いて、this girl（この少女）やthat man（あの男性）のように使うこともできます。

　そしてこの、〈this [that] + 名詞（単数形）〉が主語になる場合も、be動詞はisを使います。また、This [名詞] is ～．とThat [名詞] is ～．の「～」の部分には、これまでと同様に名詞や形容詞が置かれます。

　this やthatの後ろに名詞を置く場合、「1人（1つ）の」を表す冠詞のaやanを一緒に並べることはできません（例：this man＝○／ this a man＝×／ a this man＝×）。

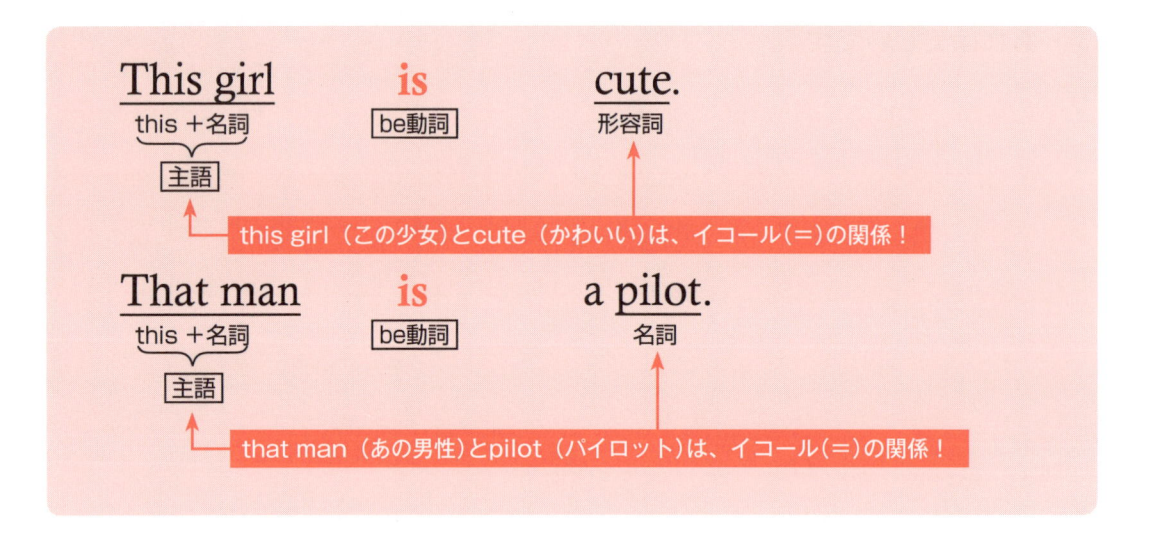

<u>This girl</u>　　　**is**　　　cute.
　this +名詞　　　be動詞　　　形容詞
　　主語

↑ this girl（この少女）とcute（かわいい）は、イコール（＝）の関係！

<u>That man</u>　　　**is**　　　a pilot.
　this +名詞　　　be動詞　　　名詞
　　主語

↑ that man（あの男性）とpilot（パイロット）は、イコール（＝）の関係！

✎ **これも覚えよう！**　too という単語

　tooは「過度に」という意味の単語で、形容詞の前に置くと、「～すぎる」という意味になります。たとえば「大きい」という形容詞bigの前に置いて**too big**とすると、「大きすぎる」という意味になります。
　レッスン3で出てきたveryとこのtooは、副詞という品詞です。副詞は、形容詞（や後で学習する動詞）などを修飾します。

STEP 2　ドリルにチャレンジ！

「この○○は〜です」「あの○○は〜です」という文を作りましょう。

❶ この食事はよいです。［食事：meal／よい：good］

⇨ This meal is good.

❷ このケーキはおいしいです。［ケーキ：cake／おいしい：delicious］

⇨ _____

❸ この部屋は暗いです。［部屋：room／暗い：dark］

⇨ _____

❹ このペンは役に立ちます。［ペン：pen／役に立つ：useful］

⇨ _____

❺ この箱は大きすぎます。［箱：box／大きすぎる：too big］

⇨ _____

❻ あの男性は年をとっています。［男性：man／年をとっている：old］

⇨ That man is old.

❼ あの門は黒いです。［門：gate／黒い：black］

⇨ _____

❽ あのネコは白いです。［ネコ：cat／白い：white］

⇨ _____

❾ あの場所は遠すぎます。［場所：place／遠すぎる：too far］

⇨ _____

❿ あの女性は有名な女優です。［女性：woman／有名な：famous／女優：actress］

⇨ _____

ボキャブラメモ　meal 食事／good よい／cake ケーキ／delicious おいしい／room 部屋／dark 暗い／pen ペン／useful 役に立つ／box 箱／too あまりに〜すぎる／big 大きい／man 男性／old 年をとっている／gate 門／black 黒い／cat ネコ／white 白い／place 場所／far 遠い／woman 女性／famous 有名な／actress 女優

STEP 3　練習問題にチャレンジ！

A　(　　)の中から正しいものを選んで丸で囲みましょう。

① This pen (am / is) very good.

② That box (are / is) useful.

③ This cat (is / am) very small.

④ That woman (is / are) beautiful.

⑤ This man (is / are) very old.

B　(　　)の中の語句を、日本語に合うように並べかえましょう。

① この生徒はとても背が高いです。(this / student / is / tall / very).

---

② この部屋は暗いです。(room / this / dark / is).

---

③ あの男性は若いです。(young / is / that / man).

---

④ このペンは役に立ちます。(is / this / pen / useful).

---

⑤ あの場所は遠すぎます。(is / place / that / far / too).

C 日本語を英語にしてみましょう。

① この食事はよいです。

② あのケーキはおいしいです。

③ この箱は小さすぎます。

④ あの門は黒いです。

⑤ あの女性は有名な女優です。

ボキャブラ最終チェック　このレッスンで出てきた語のスペルと音を確認しよう。

□meal	[míːl]	名 食事	□good	[gúd]	形 よい
□cake	[kéik]	名 ケーキ	□delicious	[dilíʃəs]	形 おいしい
□room	[rúːm]	名 部屋	□dark	[dáːrk]	形 暗い
□pen	[pén]	名 ペン	□useful	[júːsfəl]	形 役に立つ
□box	[báks]	名 箱	□too	[túː]	副 あまりに〜すぎる
□big	[bíg]	形 大きい	□man	[mǽn]	名 男性
□old	[óuld]	形 年をとっている	□gate	[géit]	名 門
□black	[blǽk]	形 黒い	□cat	[kǽt]	名 ネコ
□white	[hwáit]	形 白い	□place	[pléis]	名 場所
□far	[fáːr]	形 遠い	□woman	[wúmən]	名 女性
□famous	[féiməs]	形 有名な	□actress	[ǽktris]	名 女優
□cat	[kǽt]	名 ネコ	□small	[smɔ́ːl]	形 小さい
□beautiful	[bjúːtəfəl]	形 美しい	□student	[stjúːdnt]	名 生徒
□tall	[tɔ́ːl]	形 背が高い	□young	[jʌ́ŋ]	形 若い

★ドリルと練習問題の答えは別冊P2へ！

レッスン6 >>> 形容詞　形容詞の使い方

I am happy.
（私は幸せです）

He is a big man.
（彼は大きな男です）

STEP 1　文法ルールをチェック！

　happy（幸せな）やbig（大きい）のように、人や物などの名詞を具体的に説明する品詞のことを、形容詞と呼びます。英語では、この形容詞が使われる場所は、主に2つあります。

　1つは、I am やyou areなどといった〈主語＋be動詞〉の後ろに置いて、主語の様子や状態を説明するパターンです。このとき、主語と形容詞が「＝」の関係で結ばれるということは、前のレッスンで学びましたね。

　そして形容詞にはもう1つ役割があります。それは、名詞の前に置かれることによって、名詞を修飾（説明）するという役目です。たとえばbig man（大きな男）はその一例です。「大きな」という形容詞bigが、後ろの名詞man（男性）を修飾しています。

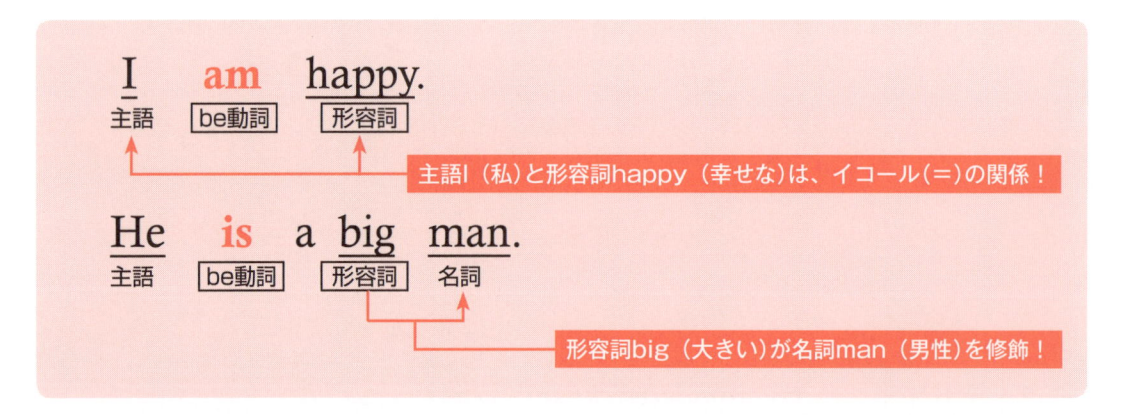

```
I      am     happy.
主語  be動詞  形容詞
```
主語I（私）と形容詞happy（幸せな）は、イコール（＝）の関係！

```
He     is    a  big    man.
主語  be動詞    形容詞   名詞
```
形容詞big（大きい）が名詞man（男性）を修飾！

✏️ **これも覚えよう！**　ペアで覚えよう！

よく使う、反対の意味の形容詞は、ペアで覚えると効率的です。

□**big** 大きい [bíg]	⇔	□**little** 小さい [lítl]	□**large** 大きい [láːrdʒ]	⇔	□**small** 小さい [smɔ́ːl]
□**big** 大きい [bíg]	⇔	□**small** 小さい [smɔ́ːl]	□**hot** 暑い [hát]	⇔	□**cold** 寒い [kóuld]
□**young** 若い [jʌ́ŋ]	⇔	□**old** 年をとった [óuld]	□**good** よい [gúd]	⇔	□**bad** 悪い [bǽd]
□**long** 長い [lɔ́ːŋ]	⇔	□**short** 短い [ʃɔ́ːrt]	□**tall** 背が高い [tɔ́ːl]	⇔	□**short** 背が低い [ʃɔ́ːrt]
□**right** 右の [ráit]	⇔	□**left** 左の [léft]			

STEP 2 ドリルにチャレンジ！

いろいろな主語、be動詞（短縮しない）、形容詞を組み合わせて、英文を書きましょう。

❶ 私は幸せです。[幸せな：happy]

⇨ I am happy.

❷ これは新しいです。[新しい：new]

⇨ This is new.

❸ 彼女は若いです。[若い：young]

⇨

❹ 彼らは怒っています。[怒っている：angry]

⇨

❺ 彼は大きな男です。[大きい：big／男：man]

⇨

❻ あのかばんは軽いです。[かばん：bag／軽い：light]

⇨

❼ メアリー（Mary）は親切な少女です。[親切な：kind／少女：girl]

⇨

❽ このスーツケースは重いです。[スーツケース：suitcase／重い：heavy]

⇨

❾ これは小さな動物です。[小さい：small／動物：animal]

⇨

❿ 彼らは速いランナーです。[速い：fast／ランナー：runners]

⇨

ボキャブラメモ happy 幸せな／new 新しい／young 若い／angry 怒っている／big 大きい／man 男性／bag かばん／light 軽い／kind 親切な／girl 少女／suitcase スーツケース／heavy 重い／small 小さい／animal 動物／fast 速い／runner ランナー

STEP 3　練習問題にチャレンジ！

A　(　)の中から正しいものを選んで丸で囲みましょう。

① 彼は若いです。He is (old / young).

② このかばんは重いです。This bag is (heavy / light).

③ これは新しいです。This is (new / old).

④ あちらの男性は怒っています。That man is (angry / sad).

⑤ 彼らはよいダンサーです。They are (heavy / good) dancers.

B　(　)の中の語句を、日本語に合うように並べかえましょう。

① この生徒はとても背が高いです。(this / student / is / tall / very).

② あのかばんは軽いです。(is / bag / that / light).

③ このスーツケースは重いです。(suitcase / this / heavy / is).

④ あの男性はとても年をとっています。(old / is / that / man / very).

⑤ 彼らは速いランナーです。(are / they / runners / fast).

C　日本語を英語にしてみましょう。

① こちらの男性はとても親切です。

---

② あのスーツケースは新しいです。

---

③ これは小さな動物です。

---

④ 彼は大きな男です。

---

⑤ あちらは裕福な(rich)男性です。

✏️ ボキャブラ最終チェック　このレッスンで出てきた語のスペルと音を確認しよう。

□happy	[hǽpi]	形 幸せな	□new	[njúː]	形 新しい
□young	[jʌ́ŋ]	形 若い	□angry	[ǽŋgri]	形 怒っている
□big	[bíg]	形 大きい	□man	[mǽn]	名 男性
□bag	[bǽg]	名 かばん	□light	[láit]	形 軽い
□kind	[káind]	形 親切な	□girl	[gə́ːrl]	名 少女
□suitcase	[súːtkèis]	名 スーツケース	□heavy	[hévi]	形 重い
□small	[smɔ́ːl]	形 小さい	□animal	[ǽnəməl]	名 動物
□fast	[fǽst]	形 速い	□runner	[rʌ́nər]	名 ランナー
□rich	[rítʃ]	形 裕福な	□sad	[sǽd]	形 悲しい
□dancer	[dǽnsər]	名 ダンサー	□student	[stjúːdnt]	名 生徒
□very	[véri]	副 とても	□good	[gúd]	形 よい
□tall	[tɔ́ːl]	形 背が高い	□old	[óuld]	形 年をとっている

★ドリルと練習問題の答えは別冊P3へ！

レッスン7 >>> be動詞⑥ These are 〜. と Those are 〜.

These are true.
（これらは本当です）
Those are cows.
（あれらはメウシです）

STEP 1 文法ルールをチェック！

theseは「これらは」、thoseは「あれらは」という意味です。theseは**this**の複数形で、比較的近くにあるものを指し、thoseは**that**の複数形で、やや遠いものを指します。

theseとthoseが主語の場合、be動詞は**are**を使います。These are 〜 . は、「これらは〜です」、Those are 〜 . は、「あれらは〜です」という意味です。「〜」の部分には、これまでと同様に名詞や形容詞が置かれますが、名詞を置く場合は、複数形にします。英語は単数なのか複数なのかをはっきり表す言語であることを覚えておきましょう。

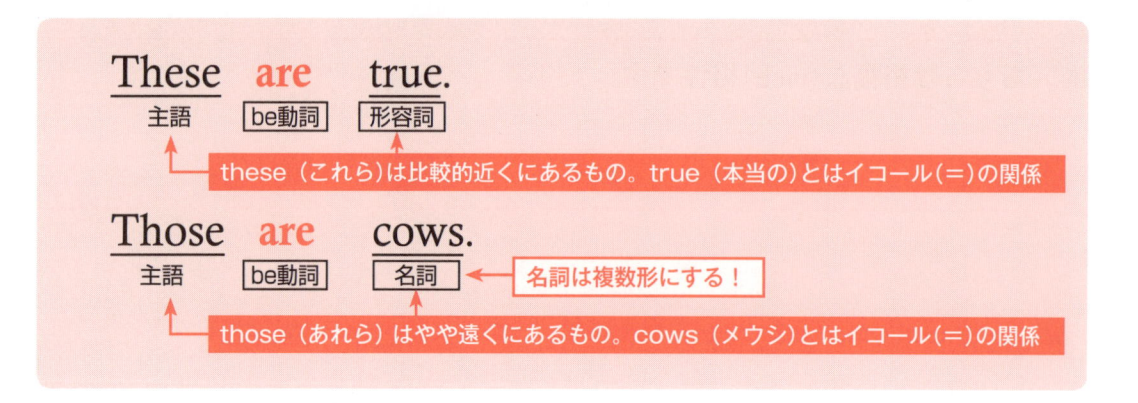

<u>These</u>　<u>are</u>　<u>true.</u>
主語　be動詞　形容詞
← these（これら）は比較的近くにあるもの。true（本当の）とはイコール（＝）の関係

<u>Those</u>　<u>are</u>　<u>cows.</u>
主語　be動詞　名詞 ← 名詞は複数形にする！
← those（あれら）はやや遠くにあるもの。cows（メウシ）とはイコール（＝）の関係

✏️ **これも覚えよう！** 複数形の注意点①

名詞を複数形にする場合、「friend⇒friend**s**」のように、名詞の最後に**s**をつけるのが基本ですが、注意しなくてはならない場合があります。

❶ 「子音字＋y」で終わる単語は、**y**を**i**に代えて**es**にします。
　※子音字とは、a、i、u、e、o以外のアルファベットのことです。
　例 library（図書館）➡ librar**ies**　　dictionary（辞書）➡ dictionar**ies**

❷ **f**や**fe**で終わる語は、fやfeを**v**に代えて**es**をつけます。
　例 knife（ナイフ）➡ kni**ves**　　leaf（葉）➡ lea**ves**

❸ **s**や**x**や**ch**や**sh**で終わる単語は、**es**をつけます。
　例 watch（腕時計）➡ watch**es**　　box（箱）➡ box**es**

❹ **o**で終わるものは、**es**をつけるものと、**s**だけをつけるものとがあります。
　例 potato（ジャガイモ）➡ potato**es**　tomato（トマト）➡ tomato**es**
　　 piano（ピアノ）➡ piano**s**　　radio（ラジオ）➡ radio**s**

STEP 2 ドリルにチャレンジ！

「これは〜です」「あれは〜です」という文を、「これらは〜です」「あれらは〜です」という文に書きかえましょう。

❶ This is true.（これは本当です）

⇨ These are true.

❷ This is high.（これは高いです）

⇨ _____

❸ This is an e-mail.（これは電子メールです）

⇨ These are e-mails.

❹ This is a desk.（これは机です）

⇨ _____

❺ This is a jacket.（これはジャケットです）

⇨ _____

❻ That is short.（あれは短いです）

⇨ Those are short.

❼ That is a cow.（あれはメウシです）

⇨ Those are cows.

❽ That is a present.（あれはプレゼントです）

⇨ _____

❾ That is a camera.（あれはカメラです）

⇨ _____

❿ That is excellent.（あれは素晴らしいです）

⇨ _____

✎ ボキャブラメモ　true 本当の／high 高い／e-mail 電子メール／desk 机／jacket ジャケット／short 短い／cow メウシ／present プレゼント／camera カメラ／excellent 素晴らしい

STEP 3　練習問題にチャレンジ！

A　thisをtheseに、thatをthoseにして全文を書きかえてみましょう。

① This is a piano.

② That is a camera.

③ This is a desk.

④ That is true.

⑤ This is excellent.

B　(　)の中の語句を、日本語に合うように並べかえましょう。

① これらは電子メールです。(these / e-mails / are).

② あれらはプレゼントです。(are / presents / those).

③ こちらはジャケットです。(are / these / jackets).

④ あれらはメウシです。(are / those / cows).

⑤ これらは素晴らしいです。(are / these / excellent).

C 日本語を英語にしてみましょう。

① あれらはカメラです。

② これらは本当です。

③ あれらは机です。

④ こちらはお医者さん(doctor)たちです。

⑤ あちらは先生(teacher)がたです。

ボキャブラ最終チェック このレッスンで出てきた語のスペルと音を確認しよう。

□true	[trúː]	形	本当の	□high	[hái]	形	高い
□e-mail	[íːmèil]	名	電子メール	□desk	[désk]	名	机
□jacket	[dʒǽkit]	名	ジャケット	□short	[ʃɔ́ːrt]	形	短い
□cow	[káu]	名	メウシ	□present	[prézənt]	名	プレゼント
□camera	[kǽmərə]	名	カメラ	□excellent	[éksələnt]	形	素晴らしい
□doctor	[dáktər]	名	医者	□teacher	[tíːtʃər]	名	先生
□piano	[piǽnou]	名	ピアノ				

★ドリルと練習問題の答えは別冊P3へ！

レッスン 8 >>> be動詞⑦ These [名詞] are ～. と Those [名詞] are ～.

These trees are old.
（これらの木は高齢です）
Those boys are my sons.
（あれらの少年たちは私の息子です）

STEP 1　文法ルールをチェック！

　thisやthatと同じように、theseとthoseも**複数形の名詞**を後ろに置いて、these trees（これらの木）やthose boys（あれらの少年たち）のように使えます。そしてこの、〈**these [those] ＋ 名詞（複数形）**〉が主語になる場合、be動詞は**are**を使います。

　These [名詞] are ～．は、「これらの [名詞] は～です」、Those [名詞] are ～．は、「あれらの [名詞] は～です」という意味です。「～」の部分には、これまでと同様に**名詞**や**形容詞**が置かれますが、名詞を置く場合は、**複数形**にします。

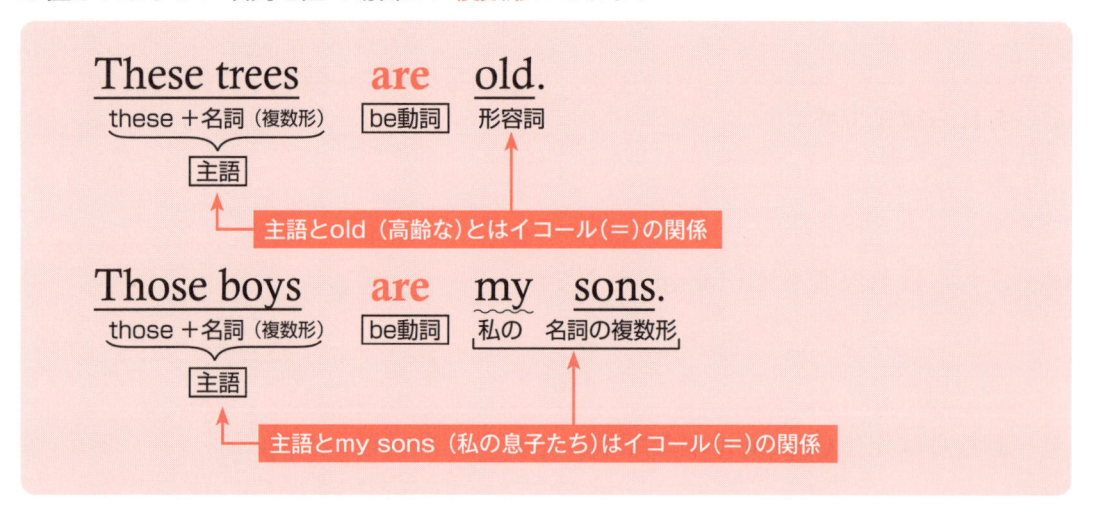

```
These trees         are      old.
─────────          ────     ───
these＋名詞（複数形） be動詞    形容詞
   │
   主語
          ↑
   主語とold（高齢な）とはイコール（＝）の関係

Those boys          are      my   sons.
─────────          ────     ──   ────
those＋名詞（複数形） be動詞   私の  名詞の複数形
   │
   主語
          ↑
   主語とmy sons（私の息子たち）はイコール（＝）の関係
```

✏️ **これも覚えよう！**　複数形の注意点②

　名詞を複数形にするには、単語の**最後にs**をつけるのが**基本**ですが、中にはそうではなく、**不規則に変化**する名詞もあります。このレッスンで登場する**sheep**（ヒツジ）や**fish**（魚）は、**単数形と複数形が同じ形**です（この後レッスン12でも学習します）。

✏️ **主語＋ be動詞の後に入るもの＝補語**

　ここまで学習したbe動詞の文で、be動詞の**後ろ**に置かれる名詞（名前や職業）や形容詞（様子を表す言葉）のことを、**英文法の用語**では「**補語**」と呼びます。

✏️ **my ＝私の**

　myは「**私の**」という意味です。このmyの**後ろ**には、my son（私の息子）のson（息子）のように、**名詞**を置きます。くわしくはこの後のレッスン13で学習します。

STEP 2　ドリルにチャレンジ！

「この○○は〜です」「あの○○は〜です」という文を、「これらの○○は〜です」「あれらの○○は〜です」という文に書きかえてみましょう。

① **This tree is old.**（この木は高齢です）

⇨ These trees are old.

② **This rose is nice.**（このバラは素敵です）

⇨ _____

③ **This sheep is cute.**（このヒツジはかわいいです）

⇨ _____

④ **This pen is useful.**（このペンは役に立ちます）

⇨ _____

⑤ **This chair is small.**（このいすは小さいです）

⇨ _____

⑥ **That boy is my son.**（あの少年たちは私の息子です）

⇨ Those boys are my sons.

⑦ **That bus is big.**（あのバスは大きいです）

⇨ _____

⑧ **That fish is small.**（あの魚は小さいです）

⇨ _____

⑨ **That room is clean.**（あの部屋はきれいです）

⇨ _____

⑩ **That computer is expensive.**（あのコンピュータは高価です）

⇨ _____

ボキャブラメモ　tree 木／old 高齢な／rose バラ／nice 素敵な／sheep ヒツジ／cute かわいい／pen ペン／useful 役に立つ／chair いす／small 小さい／boy 少年／son 息子／bus バス／big 大きい／fish 魚／small 小さい／room 部屋／clean きれいな／computer コンピュータ／expensive 高価な

STEP 3　練習問題にチャレンジ！

A　thisをtheseに、thatをthoseにして全文を書きかえてみましょう。

① This tree is very old.

② That pen is useful.

③ This boy is a student.

④ That room is clean.

⑤ This computer is good.

B　（　）の中の語句を、日本語に合うように並べかえましょう。

① あれらの少年たちは私の息子です。(those / my / are / boys / sons).

② あれらのペンは役に立ちます。(are / pens / those / useful).

③ これらの部屋はきれいです。(are / rooms / these / clean).

④ あちらの少年たちは学生です。(students / are / those / boys).

⑤ これらのコンピュータは古いです。(these / are / computers / old).

C 日本語を英語にしてみましょう。

① これらのバラは素敵です。

② あれらのかばん(bag)は高価です。

③ これらのいすは小さいです。

④ あれらのバスは大きいです。

⑤ これらの部屋はきれいです。

ボキャブラ最終チェック　このレッスンで出てきた語のスペルと音を確認しよう。

□tree	[tríː]	名	木	□old	[óuld]	形	高齢な
□rose	[róuz]	名	バラ	□nice	[náis]	形	素敵な
□sheep	[ʃíːp]	名	ヒツジ	□cute	[kjúːt]	形	かわいい
□pen	[pén]	名	ペン	□useful	[júːsfəl]	形	役に立つ
□chair	[tʃɛ́ər]	名	いす	□boy	[bɔ́i]	名	少年
□son	[sʌ́n]	名	息子	□bus	[bʌ́s]	名	バス
□big	[bíg]	形	大きい	□fish	[fíʃ]	名	魚
□small	[smɔ́ːl]	形	小さい	□room	[rúːm]	名	部屋
□clean	[klíːn]	形	きれいな	□computer	[kənpjúːtər]	名	コンピュータ
□expensive	[ikspénsiv]	形	高価な	□bag	[bǽg]	名	かばん
□student	[stjúːdnt]	名	生徒	□good	[gúd]	形	よい

★ドリルと練習問題の答えは別冊P3へ！

レッスン 9 >>> be動詞⑧ be動詞の否定文

I am **not** a teacher.
（私は教師ではありません）
This is **not** my name.
（これは私の名前ではありません）

STEP 1　文法ルールをチェック！

　これまで学習してきた、be動詞を使った「～です」という文を打ち消して、「[主語]は～ではありません」と表現する文を、否定文と呼びます。

　否定文は、**be動詞の後ろにnot**を置いて作ります。ちなみに、これまで学習した「[主語]は～です」という文は肯定文といいますので、あわせて覚えておきましょう。

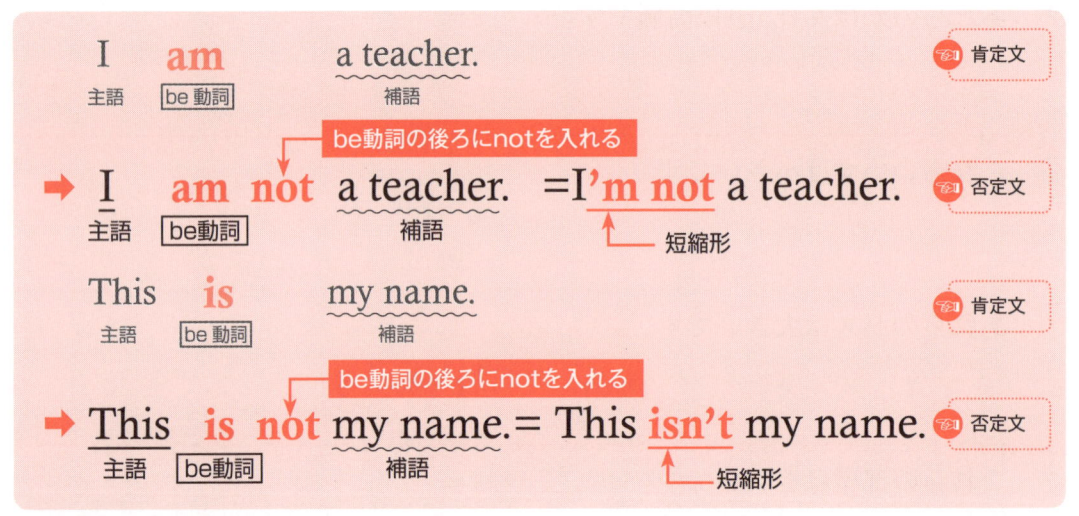

```
　I      am        a teacher.                          肯定文
 主語　 be動詞      補語
             ↓be動詞の後ろにnotを入れる
→ I     am not    a teacher.   = I'm not a teacher.   否定文
 主語　 be動詞      補語              ↑短縮形

　This   is        my name.                            肯定文
 主語　 be動詞      補語
             ↓be動詞の後ろにnotを入れる
→ This  is not    my name.   = This isn't my name.    否定文
 主語　 be動詞      補語              ↑短縮形
```

　be動詞＋notは短縮できます。is notは**isn't**、are notは**aren't**となります。ただし、I am notの短縮形は、I amn'tではなく、**I'm not**となります。

肯定	否定	否定（短縮形）
I **am** ～.	I **am not** ～.	**I'm not** ～.
You **are** ～.	You **are not** ～.	You **aren't** ～.
He [She] **is** ～.	He [She] **is not** ～.	He [She] **isn't** ～.
This [That] **is** ～.	This [That] **is not** ～.	This [That] **isn't** ～.
We [They] **are** ～.	We [They] **are not** ～.	We [They] **aren't** ～.
These [Those] **are** ～.	These [Those] **are not** ～.	These [Those] **aren't** ～.

※ほかに、You're [We're/They're] not ～. や He's [She's] not ～. や That's not ～. という短縮もあります。

| 学習日 | 月 日 | 月 日 | 月 日 |

STEP 2　ドリルにチャレンジ！

CD 10

「〇〇は〜ではありません」という文を作りましょう。❻〜❿は、短縮形を使ってみましょう。

❶　私は教師ではありません。［教師：a teacher］

⇨　*I am not a teacher.*

❷　あなたは看護師ではありません。［看護師：a nurse］

⇨　_____

❸　彼は医者ではありません。［医者：a doctor］

⇨　_____

❹　マキ(Maki)は私の娘ではありません。［私の娘：my daughter］

⇨　_____

❺　私たちはうれしくありません。［うれしい：happy］

⇨　_____

❻　彼らは貧しくありません。［貧しい：poor］

⇨　*They aren't poor.*

❼　これは私の名前ではありません。［私の名前：my name］

⇨　_____

❽　あの劇場は古くありません。［劇場：theater／古い：old］

⇨　_____

❾　これらのアイデアは悪くありません。［アイデア：ideas／悪い：bad］

⇨　_____

❿　あれらのリンゴは甘くありません。［リンゴ：apples／甘い：sweet］

⇨　_____

🖉 **ボキャブラメモ**　teacher 教師／nurse 看護師／doctor 医者／my 私の／daughter 娘／happy うれしい／poor 貧しい／name 名前／theater 劇場／old 古い／idea アイデア／bad 悪い／apple リンゴ／sweet 甘い

STEP 3　練習問題にチャレンジ！

A　次の文を否定文にしてみましょう。

① Maki is my daughter.

② We are happy.

③ They are poor.

④ I am a teacher.

⑤ That theater is old.

B　(　)の中の語句を、日本語に合うように並べかえましょう。

① これらのアイデアはよくありません。(ideas / these / are / good / not).

② あなたは若くありません。(aren't / you / young).

③ 彼女は私の友だちではありません。(she / isn't / friend / my).

④ 私は看護師ではありません。(I / am / a / not / nurse).

⑤ この劇場は古くはありません。(not / is / this / theater / old).

C 日本語を英語にしてみましょう。

① これは私の名前ではありません。

② 私たちは医者ではありません。

③ 彼は貧しくありません。

④ これらのリンゴは甘くありません。

⑤ これらのアイデアは悪くありません。

ボキャブラ最終チェック　このレッスンで出てきた語のスペルと音を確認しよう。

□teacher	[tíːtʃər]	名	教師	□nurse	[nɚːrs]	名	看護師
□doctor	[dɑ́ktər]	名	医者	□my	[mái]	代	私の
□daughter	[dɔ́ːtər]	名	娘	□happy	[hǽpi]	形	うれしい
□poor	[púər]	形	貧しい	□name	[néim]	名	名前
□theater	[θíːətər]	名	劇場	□old	[óuld]	形	古い
□idea	[aidíːə]	名	アイデア	□bad	[bǽd]	形	悪い
□apple	[ǽpl]	名	リンゴ	□sweet	[swíːt]	形	甘い
□good	[gúd]	形	よい	□young	[jʌ́ŋ]	形	若い
□friend	[frénd]	名	友だち				

★ドリルと練習問題の答えは別冊P4へ！

レッスン 10 >>> be動詞⑨　be動詞の疑問文

Are you Robert**?**
（あなたはロバートですか）

Is she sad**?**
（彼女は悲しんでいますか）

Are these tapes**?**
（これらはテープですか）

STEP 1　文法ルールをチェック！

　これまで学習してきた、be動詞を使った「〜です」という文を、「[主語] は〜ですか」とたずねる文にしてみましょう。この「〜ですか」という文を、疑問文と呼びます。
　疑問文は、**be動詞を文の先頭**に置いて作ります。また、文の最後にはピリオドではなく「**?**（=クエスチョンマーク）」を置いて、疑問文であることを表現します。

<u>You</u>　[are]　<u>Robert</u>.（あなたはロバートです）　　🔄 ふつうの文
主語　　be動詞　　補語

　　　　be動詞を文の先頭に置く

➡ [Are]　<u>you</u>　<u>Robert</u>**?**　　🔄 疑問文
　be動詞　主語　補語　　ピリオドでなく、クエスチョンマークをつける

✏️ **これも覚えよう！**　your ＝あなたの

　yourは「あなたの」という意味です。このyourの後ろには、your name（あなたの名前）のname（名前）のように、名詞を置きます。くわしくはこの後のレッスン13で学習します。

✏️ **名詞＋名詞**

　英語には、2つの名詞で1つの意味を作る単語があります。
　たとえば、phone（電話）とnumber（数字）という2つの名詞を並べることによって、**phone number**（電話番号）という意味の名詞を作ることができるのです。その他には、soccer（サッカー）とplayer（選手）を組み合わせた**soccer player**（サッカー選手）や、English（英語）とteacher（教師）を組み合わせた**English teacher**（英語の先生）などの例もあります。

✏️ **接続詞 and**

　接続詞は単語と単語、文と文など、さまざまなものをつなげる重要な品詞です。たとえばSTEP2の⑩のMike and Johnの**and**は「〜と…」という意味ですので、「マイクとジョンは」という意味になります。

STEP 2　ドリルにチャレンジ！

「○○は〜です」という文を、「○○は〜ですか」という疑問文に書きかえてみましょう。

1 You are Robert.　⇨　あなたはロバート(Robert)ですか。

⇨　*Are you Robert?*

2 You are a high school student.　⇨　あなたは高校生ですか。

⇨　_____

3 She is sad.　⇨　彼女は悲しんでいますか

⇨　*Is she sad?*

4 She is your aunt.　⇨　彼女はあなたのおばですか。

⇨　_____

5 That man is busy.　⇨　あちらの男性は忙しいですか。

⇨　_____

6 This is your phone number.　⇨　これはあなたの電話番号ですか。

⇨　_____

7 He is a junior high school student.　⇨　彼は中学生ですか。

⇨　_____

8 These are tapes.　⇨　これらはテープですか。

⇨　*Are these tapes?*

9 Those books are interesting.　⇨　あれらの本は面白いですか。

⇨　_____

10 Mike and John are journalists.　⇨　マイクとジョンはジャーナリストですか。

⇨　_____

ボキャブラメモ　high school　高校／student　生徒／sad　悲しい／your　あなたの／aunt　おば／man　男性／busy　忙しい／phone number　電話番号／junior high school　中学校／tape　テープ／book　本／interesting　面白い／journalist　ジャーナリスト

STEP 3　練習問題にチャレンジ！

A　次の文を疑問文にしましょう。

① Tom is tall.

② She is sad.

③ You are a student.

④ That woman is beautiful.

⑤ These animals are sheep.

B　（　）の中の語句を、日本語に合うように並べかえましょう。

① あなたはロバートですか。(Robert / you / are)?

② これらのコンピュータは役に立ちますか。
(computers / these / are / useful)?

③ あちらの男性は若いですか。(man / is / young / that)?

④ ナンシーはあなたの友だちですか。(Nancy / is / friend / your)?

⑤ 彼女はあなたのおばですか。(she / is / your / aunt)?

C 日本語を英語にしてみましょう。

① この本は面白いですか。

② あなたたちは高校生ですか。

③ これらはテープですか。

④ 彼らはジャーナリストですか。

⑤ これはあなたの電話番号ですか。

ボキャブラ最終チェック　このレッスンで出てきた語のスペルと音を確認しよう。

□high school		名 高校	□student	[stjú:dnt]	名 生徒
□sad	[sǽd]	形 悲しい	□your	[jər]	代 あなたの
□aunt	[ǽnt]	名 おば	□man	[mǽn]	名 男性
□busy	[bízi]	形 忙しい	□phone number		名 電話番号
□junior high school		名 中学校	□tape	[téip]	名 テープ
			□book	[búk]	名 本
□interesting	[íntərəstiŋ]	形 面白い	□journalist	[dʒá:rnəlist]	名 ジャーナリスト
□tall	[tɔ́:l]	形 背が高い	□woman	[wúmən]	名 女性
□beautiful	[bjú:təfəl]	形 美しい	□animal	[ǽnəməl]	名 動物
□sheep	[ʃí:p]	名 ヒツジ	□computer	[kəmpjú:tər]	名 コンピュータ
□useful	[jú:sfəl]	形 役に立つ	□young	[jʌ́ŋ]	形 若い
□friend	[frénd]	名 友だち			

★ドリルと練習問題の答えは別冊P4へ！

レッスン 11 >>> be動詞⑩ be動詞の疑問文への答え方

Are you sad?
（あなたは悲しいですか）

Yes, I am. / No, I'm not.
（はい、そうです） （いいえ、そうではありません）

STEP 1 文法ルールをチェック！

疑問文に対して返事をするときの表現を学習しましょう。

「[主語]は〜ですか」に対して、「はい、そうです」と答えるときは、〈**Yes,**＋主語＋**be動詞.**〉、「いいえ、そうではありません」と言うときは、〈**No,**＋主語＋**be動詞**＋**not.**〉とするのが基本です。is notは**isn't**、are notは**aren't**のように、短縮形にすることもできます。ただしI am notは、I amn'tではなく、**I'm not**と短縮します。

また、Is this 〜 ?やIs that 〜 ?という疑問文には、thisやthatの代わりに**it**という単語を使って、**Yes, it is.**や**No, it is not [isn't].** と答えます。Are these 〜 ?やAre those 〜 ?には、**they**を使って答えます。

Are you sad? ← 「[主語]は〜ですか」と、主語の状態や職業をたずねる疑問文

→ **Yes**, <u>I</u> <u>**am**</u>.
　　　　主語　be動詞

→ **No**, <u>I</u> <u>**am not**</u>.　　= No, I**'m not**.
　　　　主語　be動詞＋not　　　　　　　　短縮形

疑問文と答え方をまとめておさらいしましょう。

疑問文の形	答え方(肯定)	答え方(否定／短縮形)
Are you 〜?	Yes, I **am**.	No, I**'m not**.
Is Tom（トム・男）〜?	Yes, he **is**.	No, he **isn't**. ／ No, he**'s not**.
Is Mary（メアリー・女）〜?	Yes, she **is**.	No, she **isn't**. ／ No, she**'s not**.
Is this 〜?　**Is** that 〜?	Yes, it **is**.	No, it **isn't**. ／ No, it**'s not**.
Are you 〜?	Yes, we **are**.	No, we **aren't**.
Are they 〜?	Yes, they **are**.	No, they **aren't**.
Are these 〜?　**Are** those 〜?	Yes, they **are**.	No, they **aren't**.

| 学習日 | 月 日 | 月 日 | 月 日 |

STEP 2　ドリルにチャレンジ！

「〇〇は〜ですか」という文と答えを書いてみましょう。❻❽❿は短縮形を使いましょう。

❶ あなたは悲しいですか。はい。［悲しい：sad］

⇨ Are you sad? Yes, I am.

❷ あなたは空腹ですか。いいえ。［空腹な：hungry］

⇨

❸ 彼は画家ですか。はい。［画家：a painter］

⇨ Is he a painter? Yes, he is.

❹ ジェーンは(Jane)看護師ですか。いいえ。［看護師：a nurse］

⇨

❺ 彼女は英語の教師ですか。はい。［英語の教師：an English teacher］

⇨

❻ あれはライオンですか。いいえ。［ライオン：a lion］

⇨

❼ あの小説はよいですか。はい。［小説：novel／よい：good］

⇨

❽ これらは卵ですか。いいえ。［卵：eggs］

⇨ Are these eggs? No, they aren't.

❾ それらはシマウマですか。はい。［シマウマ：zebras］

⇨

❿ あれらの少年たちは元気ですか。いいえ。［少年：boys／元気な：cheerful］

⇨

ボキャブラメモ
sad 悲しい／yes はい／hungry 空腹な／no いいえ／painter 画家／nurse 看護師／English 英語／teacher 教師／lion ライオン／novel 小説／good よい／egg 卵／zebra シマウマ／boy 少年／cheerful 元気な

STEP 3 練習問題にチャレンジ！

A 次の文を疑問文にして、(　)の単語を使って答えましょう。

① Robert is hungry.　(yes)

② They are happy.　(no)

③ That man is poor.　(yes)

④ You are a teacher.　(no)

⑤ Those animals are lions.　(yes)

B (　)の中の語句を、日本語に合うように並べかえましょう。

① これらの本は役に立ちますか。はい。
(books / these / are / useful)? (they / , / are / yes).

② 彼は画家ですか。いいえ。(he / is / painter / a)? (he / , / is / no / not).

③ あの小説はよいですか。はい。(that / is / novel / good)? (it / is / , / yes).

④ あなたは英語の教師ですか。いいえ。
(teacher / you / English / are / an)? (I'm / , / no / not).

C 日本語を英語にしてみましょう。

① この本は面白い(interesting)ですか。はい。

② あなたたちは看護師ですか。いいえ。

③ あの少年は元気ですか。はい。

④ あれらの少年は悲しんでいますか。いいえ。

⑤ それらはシマウマですか。はい。

ボキャブラ最終チェック　このレッスンで出てきた語のスペルと音を確認しよう。

語	発音	品詞	意味	語	発音	品詞	意味
□sad	[sǽd]	形	悲しい	□yes	[jés]	副	はい
□hungry	[hʌ́ŋgri]	形	空腹な	□no	[nóu]	副	いいえ
□painter	[péintər]	名	画家	□nurse	[nə́ːrs]	名	看護師
□English	[íŋgliʃ]	名	英語	□teacher	[tíːtʃər]	名	教師
□lion	[láiən]	名	ライオン	□novel	[návəl]	名	小説
□good	[gúd]	形	よい	□egg	[ég]	名	卵
□zebra	[zíːbrə]	名	シマウマ	□boy	[bɔ́i]	名	少年
□cheerful	[tʃíərfəl]	形	元気な	□happy	[hǽpi]	形	幸せな
□poor	[púər]	形	貧しい	□animal	[ǽnəməl]	名	動物
□book	[búk]	名	本	□useful	[júːsfəl]	形	役に立つ
□interesting	[íntərəstiŋ]	形	面白い				

★ドリルと練習問題の答えは別冊P5へ！

レッスン 12 >>> 名詞の複数形　いろいろな複数形の作り方

They are boys. / Those are knives.
（彼らは少年です）　　　（あれらはナイフです）
These children are cute.
（これらの子どもたちはかわいいです）

STEP 1　文法ルールをチェック！

英語では、名詞が単数（1つ；1人）なのか複数（2つ；2人以上）なのかをしっかり区別します。前のレッスンでも少し出てきましたが、ここではもう少しくわしく、複数形の作り方を学習しましょう。名詞を複数形にするには、単語の最後にsをつけるのが基本ですが、中にはそうではなく、不規則に変化する名詞もあります。こういったものは、つづりと発音を丸ごと覚えてしまいましょう。

単数形
　1人もしくは1つのときの名詞の形。単語のまえにaやanをつけます。
　【例】a pen（1本のペン）　an apple（1つのリンゴ）

複数形
① 2人[2つ]以上のときの名詞の形。単数形の最後にsをつけるのが基本です。esをつけたり、単語の最後を変化させる場合もあります。
　【例】pen（ペン）⇒ pens　　watch（腕時計）⇒ watches
　　　　city（都市）⇒ cities　　leaf（葉）⇒ leaves

② 単数⇒複数で不規則に変化する名詞や、単数形と複数形が同じ名詞もあります。
　【例】man（男性）⇒ men　　woman（女性）⇒ women
　　　　child（子供）⇒ children　tooth（歯）⇒ teeth
　　　　foot（足）⇒ feet　　fish（魚）⇒ fish

③ 常に2つの部分で1ペアであるため、いつも複数形で使う名詞もあります。
　【例】scissors（はさみ）　shoes（くつ）　pants（ズボン）

✎これも覚えよう！　複数形にしない名詞

名詞の中には、単数形を表すa [an]も、複数形を表すsもつけられない名詞があります。それはおもに次の3種類です。

① **物質名詞**
液体や気体など、形がはっきりしないもの　【例】That is milk.（あれはミルクです）

② **固有名詞**
地名や人名など、1つしかないもの　【例】This is Japan.（これは日本です）

③ **抽象名詞**
たとえば教科の名前など、物質ではないもの　【例】I like music.（私は音楽が好きです）

これらは数えることができないことから、不可算名詞と呼ばれます。逆に、数えられる名詞のことを、可算名詞と呼びます。

| 学習日 | 月 日 | 月 日 | 月 日 |

STEP 2　ドリルにチャレンジ！

CD 13

「〇〇は〜です」という英文の主語を、複数形にして、全文を書きかえてみましょう。

❶ **He is a boy.**（彼は少年です）⇒彼らは

⇨ *They are boys.*

❷ **I am a student.**（私は生徒です）⇒私たちは

⇨ _____

❸ **You are a tall man.**（あなたは背の高い男性です）⇒あなたたちは

⇨ _____

❹ **That is a knife.**（あれはナイフです）⇒あれらは

⇨ *Those are knives.*

❺ **This is a watch.**（これは腕時計です）⇒これらは

⇨ _____

❻ **This is an old city.**（これは古い都市です）⇒これらは

⇨ _____

❼ **That is a small fish.**（あれは小さな魚です）⇒あれらは

⇨ _____

❽ **This child is cute.**（この子供はかわいいです）⇒これらの子供は

⇨ *These children are cute.*

❾ **That dish is expensive.**（あのお皿は高価です）⇒あれらのお皿は

⇨ _____

❿ **This tomato is delicious.**（このトマトはおいしいです）⇒これらのトマトは

⇨ _____

✏️**ボキャブラメモ**　boy　少年／student　生徒／tall　背が高い／men　man（男性）の複数形／knives　knife（ナイフ）の複数形／watch　腕時計／old　古い／city　都市／small　小さい／fish　魚（単数形・複数形）／children　child（子供）の複数形／cute　かわいい／dish　皿／beautiful　美しい／tomato　トマト／expensive　高価な

STEP 3　練習問題にチャレンジ！

A　次の単語の複数形を書いてみましょう。

① boy _____　　② city _____

③ watch _____　　④ dish _____

⑤ fish _____　　⑥ knife _____

⑦ man _____　　⑧ woman _____

⑨ child _____　　⑩ sheep _____

B　下線部を（　）の単語に変えて、全文を書き直してみましょう。

① He is a boy.　（they）

------

② She is a kind teacher.　（they）

------

③ That man is very tall.　（those）

------

④ This apple is very sweet.　（these）

------

⑤ <u>That</u> animal is a sheep. (those)

C 日本語を英語にしてみましょう。

① これらはナイフです。

---

② あれらはお皿です。

---

③ これらの子どもたちはかわいいです。

---

④ あれらのトマトはおいしいです。

---

⑤ これらの腕時計はとても高価です。

ボキャブラ最終チェック　このレッスンで出てきた語のスペルと音を確認しよう。

□boy	[bói]	名 少年	□student [stjú:dnt]	名 生徒
□tall	[tó:l]	形 背が高い	□men [mén]	名 man(男性)の複数形
□knife	[náif]	名 ナイフ	□knives [náivz]	名 knife(ナイフ)の複数形
□watch	[wátʃ]	名 腕時計	□old [óuld]	形 古い
□city	[síti]	名 都市	□small [smó:l]	形 小さい
□fish	[fiʃ]	名 魚(単数形・複数形)	□child [tʃáild]	名 子供
□children	[tʃíldrən]	名 child(子供)の複数形	□cute [kjú:t]	形 かわいい
□dish	[díʃ]	名 皿	□expensive [ikspénsiv]	形 高価な
□tomato	[təméitou]	名 トマト	□delicious [dilíʃəs]	形 おいしい
□woman	[wúmən]	名 女性	□sheep [ʃí:p]	名 ヒツジ
□kind	[káind]	形 親切な	□apple [æpl]	名 リンゴ
□sweet	[swí:t]	形 甘い	□animal [ǽnəməl]	名 動物

★ドリルと練習問題の答えは別冊P5へ！

レッスン 13

>>> 名詞の所有格 「だれだれの〜」

This is my dog.
(これは**私の**イヌです)

They are Ken's friends.
(彼らは**ケンの**友達です)

STEP 1　文法ルールをチェック！

「トムの辞書」や「ケンのラケット」のような、「だれだれの」という表現について学習しましょう。たとえば、「ケンの」は、Ken'sのように、人名に「**'s**（アポストロフィー s）」をつけることで表せます。ここでは、aなどの冠詞はつけません。

また、具体的な名詞の代わりとして使われる言葉を代名詞といいます。その中で、人称（私〈＝1人称〉とあなた〈＝2人称〉とそれ以外の人・もの〈3人称〉の区別）を表す代名詞を人称代名詞といいます。また「〜のもの」を表す所有代名詞というものがあり、名詞のくり返しを避けます。

人称代名詞には格という、文中での働きに合わせた形があります。主格は主語になり、所有格は所有を表現し、目的格は目的語（レッスン14）になります。ここでは所有格を学びます。

人称代名詞と所有代名詞

	主格 〜は [が]	所有格 〜の	目的格 〜を [に]	所有代名詞 〜のもの
私	I（私は）	my（私の）	me（私を）	mine（私のもの）
あなた	you（あなたは）	your（あなたの）	you（あなたを）	yours（あなたのもの）
彼	he（彼は）	his（彼の）	him（彼を）	his（彼のもの）
彼女	she（彼女は）	her（彼女の）	her（彼女を）	hers（彼女のもの）
それ	it（それは）	its（それの）	it（それを）	なし
私たち	we（私たちは）	our（私たちの）	us（私たちを）	ours（私たちのもの）
あなたたち	you（あなたたちは）	your（あなたたちの）	you（あなたたちを）	yours（あなたたちのもの）
彼[彼女]ら；それら	they（彼[彼女／それ]らは）	their（彼[彼女／それ]らの）	them（彼[彼女／それ]らを）	theirs（彼[彼女／それ]らのもの）
具体的な人物名(例:トム)	Tom（トムは）	Tom's（トムの）	Tom（トムを）	Tom's（トムのもの）
例文	I am busy.（私は忙しいです）	This is my pen.（これは私のペンです）	I like him.（私は彼を好きです）	This book is hers.（この本は彼女のものです）

所有格について、注意することがあります。たとえばboysやstudentsのような、複数形の**(e)s**がついた名詞の場合、「's」をつけてboys'sではなく、「'」だけをつけて、**boys'**とします。そして、たとえばbookのような、生き物（人や動物）ではないもの（＝無生物）を表す名詞の場合は、「's」を付つけるのではなく、前置詞のofを使って〈of＋名詞〉とすることで「〜の」という所有を表現できます。

　【例】name of the city（都市の名前）　title of the book（本のタイトル）

ただ、無生物であっても「's」をつけた形で使うものもあります。

　【例】today's paper（今日の新聞）　nature's gift（自然の贈り物）　five minutes' walk（徒歩5分）

STEP 2　ドリルにチャレンジ！

「〇〇はだれだれの〜です」という文を完成させましょう。

1　これは私のイヌです。[イヌ：dog]

⇒ This is my dog.

2　あれはあなたの本です。[本：book]

⇒ _____

3　これはマイク(**Mike**)の車です。[車：car]

⇒ _____

4　これらはアキ(**Aki**)のカメラです。[カメラ：cameras]

⇒ _____

5　あれらは彼女の辞書です。[辞書：dictionaries]

⇒ _____

6　私たちのかばんは小さいです。[かばん：bags／小さい：small]

⇒ Our bags are small.

7　この犬の毛は長いです。[イヌ：dog／毛：hair／長い：long]

⇒ _____

8　キム(**Kim**)の子どもたちはかわいいです。[子どもたち：children／かわいい：cute]

⇒ _____

9　彼らの父親は教授です。[父親：father／教授：a professor]

⇒ _____

10　彼の父の名前は田中建(**Ken Tanaka**)です。[父：father／名前：name]

⇒ _____

ボキャブラメモ　my 私の／dog イヌ／your あなたの／book 本／car 車／camera カメラ／her 彼女の／dictionary 辞書／our 私たちの／bag かばん／small 小さい／hair 毛／long 長い／child 子ども／cute かわいい／their 彼[彼女;それ]らの／father 父親／professor 教授／his 彼の／name 名前

STEP 3　練習問題にチャレンジ！

A　日本語に合うように、（　）の中の単語を適切な形にしましょう。

① あれらはマイクのラケットです。
Those are (Mike) rackets.

② これはナンシーの本です。
This is (Nancy) book.

③ これらは私たちの本です。
These are (we) books.

④ あなたのかばんはとても大きいです。
(You) bag is very big.

⑤ 彼のお父さんの名前はタケシです。
His (father) name is Takeshi.

B　（　）の中の語句を、日本語に合うように並べかえましょう。

① これらは彼の辞書です。(are / these / his / dictionaries).

② 私たちのかばんは小さいです。(small / bags / our / are).

③ あの犬の毛は長いです。(dog's / is / long / that / hair).

④ エミリーの子供たちはかわいいです。(are / Emily's / children / cute).

⑤ 彼らの父親は教授です。(father / is / their / professor / a).

C 日本語を英語にしてみましょう。

① これは私の車です。

② あれらは彼のカメラです。

③ 彼女の髪の毛はとても長いです。

④ 彼の息子(son)の名前はジョン(John)です。

⑤ 彼らの子供たちはかわいいです。

ボキャブラ最終チェック このレッスンで出てきた語のスペルと音を確認しよう。

□my	[mái]	代 私の	□dog	[dɔ́ːg]	名 イヌ
□your	[jɚr]	代 あなたの	□book	[búk]	名 本
□car	[káːr]	名 車	□camera	[kǽmərə]	名 カメラ
□her	[hɚr]	代 彼女の	□dictionary	[díkʃənèri]	名 辞書
□our	[áuɚr]	代 私たちの	□bag	[bǽg]	名 かばん
□small	[smɔ́ːl]	形 小さい	□hair	[héɚr]	名 毛
□long	[lɔ́ːŋ]	形 長い	□child	[tʃáild]	名 子供
□cute	[kjúːt]	形 かわいい	□their	[ðɚr]	代 彼[彼女;それ]らの
□father	[fáːðɚr]	名 父親	□professor	[prəfésɚr]	名 教授
□his	[hiz]	代 彼の	□name	[néim]	名 名前

★ドリルと練習問題の答えは別冊P6へ！

チャレンジ！　復習テスト①

A （　）に入る最も適切なものを選んで丸で囲みましょう。

① I （　） an English teacher.　　(1) are　　(2) am　　(3) is

② This novel （　） very interesting.　　(1) am　　(2) is　　(3) are

③ （　） Mike and Kate friends?　　(1) Is　　(2) Are　　(3) Was

④ Is that man busy? Yes, （　）.　　(1) they are　　(2) he isn't　　(3) he is

B 次の単語の意味と複数形を書きましょう。

① boy　（　　　　　　）　② teacher （　　　　　　　）

③ piano （　　　　　　）　④ dish　（　　　　　　　）

⑤ woman （　　　　　　）　⑥ child　（　　　　　　　）

⑦ city　（　　　　　　）　⑧ knife　（　　　　　　　）

C 指示にしたがって、全文を書きかえましょう

① Tom is a doctor.（否定文に）

---

② Mike is tall.（疑問文にして、Yesで答える）

---

③ They are Japanese.（疑問文にして、Noで答える）

---

④ This is an apple.（ThisをTheseに変えて）

D （　）の中の語句を、日本語に合うように並べかえましょう。

① あなたのお父さんは医者ですか。(father / is / doctor / your / a)?

----

② 彼女は英語の先生ではありません。(an / teacher / she / isn't / English).

----

③ これらの辞書はとても役に立ちます。
(dictionaries / these / very / are / useful).

----

④ あれらの小説はよいですか。はい。
(novels / good / are / those)? (they / , / yes / are).

E 文の中の間違っているところを丸で囲み、正しい文に書きかえましょう。

① This is a my camera.

----

② They are childs.

----

③ They is not cartoonists.

----

④ This meal is delicious?　　※疑問文

★ドリルと練習問題の答えは別冊P6へ！

レッスン 14 >>> 一般動詞① like を使った肯定文

I like Mary.
（私はメアリーが**好きです**）
We like music.
（私たちは音楽が**好きです**）

STEP 1　文法ルールをチェック！

　be動詞以外のすべての動詞を**一般動詞**と呼びます。それは、状態や具体的な動きを表すもので、**非常にたくさん**あります。ここでは、非常によく使う動詞、**like**（〜を好む；好きである）を使ってみましょう。日本語とちがって英語は、**主語のすぐ後ろに動詞**がきます。また、例文のMaryやmusicのように、**一般動詞の後ろに置かれ、「〜を」**という意味を表す言葉を、**目的語**と呼びます。いろいろな名詞のほかに、人称代名詞の目的格（レッスン13の表参照）も、目的語として使われます。また、一般動詞は、I am likeやYou are likeのように、**be動詞と一緒にそのまま使うことはできません**。

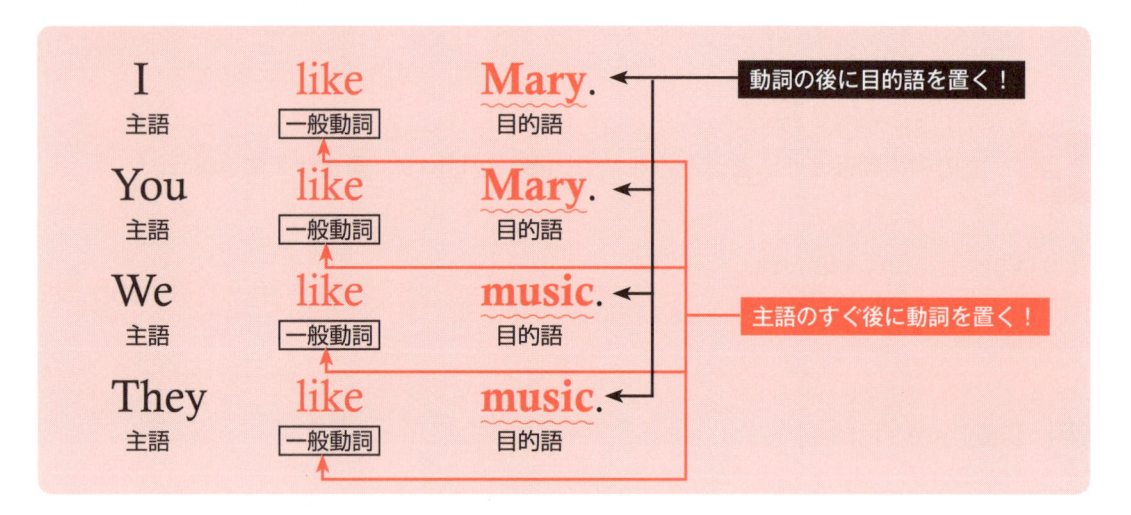

I 主語	like 一般動詞	Mary. 目的語
You 主語	like 一般動詞	Mary. 目的語
We 主語	like 一般動詞	music. 目的語
They 主語	like 一般動詞	music. 目的語

動詞の後に目的語を置く！
主語のすぐ後に動詞を置く！

✏️ これも覚えよう！　目的語になる人称代名詞

　I like Mary.（私はメアリーが好きです）という文を、人称代名詞を用いて「私は**彼女が**好きです」という文にしたいときは、Maryの代わりに、**her**（彼女を［に］）という単語を置きます。人称代名詞を目的語として使う場合、人称代名詞の**形を変化させる**必要があります（→レッスン13をチェック！）。

✏️ 副詞を修飾する副詞

　レッスン5でも少し触れましたが、**副詞**は、**動詞や形容詞を説明**します。そして副詞は、別の副詞を説明することもできます。たとえば、I like him **very much**.（私は彼のことがとても好きです）という文のmuchは**「非常に」**という副詞ですが、このmuchの前に副詞veryを置いて、muchを説明できます。

| 学習日 | 月 日 | 月 日 | 月 日 |

STEP 2　ドリルにチャレンジ！

CD 15

「○○は〜が好きです」という文を作ってみましょう。

❶　私はメアリー（Mary）が好きです。

⇨　*I like Mary.*

❷　私はパンが好きです。[パン：bread]

⇨　_____

❸　あなたは数学が好きです。[数学：math]

⇨　_____

❹　あなたは大阪（Osaka）が好きです。

⇨　_____

❺　私たちは音楽が好きです。[音楽：music]

⇨　*We like music.*

❻　私たちは野球が好きです。[野球：baseball]

⇨　_____

❼　彼らはこの歌が好きです。[歌：song]

⇨　_____

❽　彼らはチキンが好きです。[チキン：chicken]

⇨　_____

❾　私はこの家がとても好きです。[家：house ／とても：very much]

⇨　_____

❿　私たちはこれらの花がとても好きです。[花：flowers]

⇨　_____

✏ **ボキャブラメモ**　like 好む／bread パン／math 数学／music 音楽／baseball 野球／song 歌／chicken チキン／house 家／very much とても／flower 花

STEP 3　練習問題にチャレンジ！

A　(　　)の中から正しいものを選んで丸で囲みましょう。

① I (am / like) chicken.

② They (like / is like) Osaka.

③ We (am like / like) music.

④ You (like / like are) this song.

⑤ I (are like / like) Mary.

B　(　　)の中の語句を、日本語に合うように並べかえましょう。

① あなたは数学が好きです。(like / math / you).

② 彼らは野球が好きです。(baseball / like / they).

③ 私たちは音楽が好きです。(music / we / like).

④ 私はマイクがとても好きです。(Mike / I / very / like / much).

⑤ 彼らはこの家がとても好きです。
(very / this / like / house / they / much).

C 日本語を英語にしてみましょう。

① 私はパンが好きです。

② 私たちはジョン(John)が好きです。

③ あなたはこの本(book)が好きです。

④ 彼らは数学がとても好きです。

⑤ 彼らはこれらの花がとても好きです。

ボキャブラ最終チェック　このレッスンで出てきた語のスペルと音を確認しよう。

□like	[láik]	動	好む	□bread	[bréd]	名	パン
□math	[mǽθ]	名	数学	□music	[mjúːzik]	名	音楽
□baseball	[béisbɔ̀ːl]	名	野球	□song	[sɔ́ːŋ]	名	歌
□chicken	[tʃíkən]	名	チキン	□house	[háus]	名	家
□very	[véri]	副	とても	□much	[mʌ́tʃ]	副	とても
□flower	[fláuər]	名	花	□book	[búk]	名	本

★ドリルと練習問題の答えは別冊P6へ！

レッスン 15 >>> 一般動詞② play を使った肯定文

You play the piano.
（あなたはピアノを**演奏します**）
They play soccer.
（彼らはサッカーを**します**）

STEP 1　文法ルールをチェック！

　be動詞はisとamとareの3種類ですが、be動詞以外のすべての動詞を**一般動詞**と呼びます。それは、状態や具体的な動きを表すもので、非常にたくさんあります。ここでは、likeと同じくらい重要でよく使う**play**（〈スポーツを〉する；〈楽器を〉演奏する）を使ってみましょう。

　日本語とちがって英語は、主語のすぐ後ろに動詞がきます。また、例文のsoccerのように、一般動詞の後ろに置かれ、「〜を」という意味を表す言葉を、**目的語**と呼びます。

　また、一般動詞は、I am playやYou are playのように、**be動詞と一緒にそのまま使う**ことはできません。

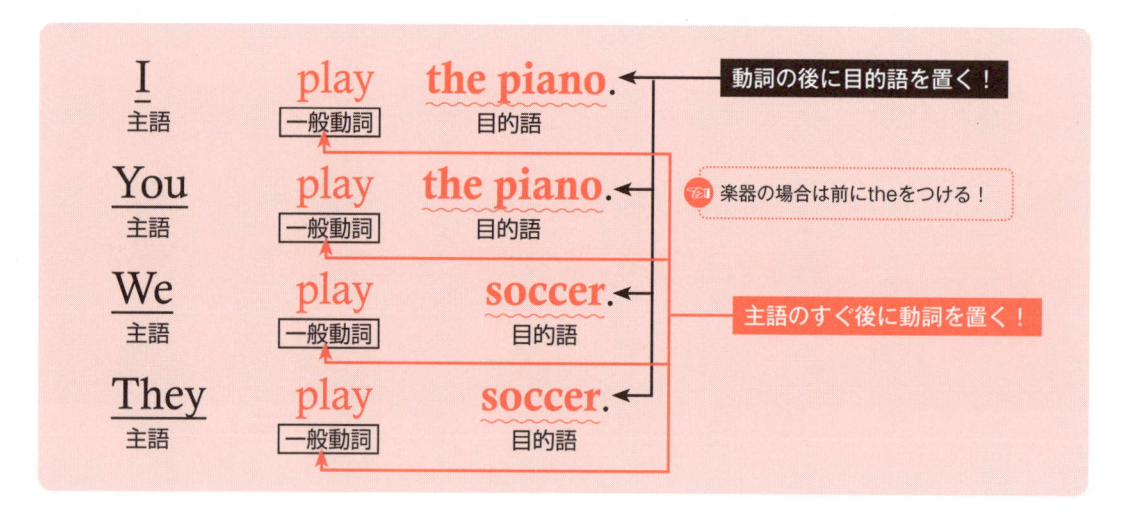

I 主語	play 一般動詞	the piano. 目的語	← 動詞の後に目的語を置く！
You 主語	play 一般動詞	the piano. 目的語	← 楽器の場合は前にtheをつける！
We 主語	play 一般動詞	soccer. 目的語	← 主語のすぐ後に動詞を置く！
They 主語	play 一般動詞	soccer. 目的語	

> ✎ **これも覚えよう！**　「（楽器を）演奏する」と言うときの注意点
>
> **play**の目的語としてguitar（ギター）やpiano（ピアノ）のような楽器の名前を置いて、「（楽器を）演奏する」と言いたい場合は、I play **the** guitar.（私はギターを演奏します）のように、楽器の前に**the**という単語をつけます。品詞は冠詞です。名詞の単数形のところで出てきた**a**と**an**も、theと同様に冠詞でしたね。このaとanは冠詞の中でも**不定冠詞**と呼ばれるものです。それに対し、この**the**のことを**定冠詞**といいます。頭の隅にとどめておいてください。

| 学習日 | 月 日 | 月 日 | 月 日 |

STEP 2　ドリルにチャレンジ！

CD 16

「○○は〜をします」「○○は〜を演奏します」という文を作ってみましょう。

❶　私はラグビーをします。［ラグビー：rugby］

⇨　I play rugby.

❷　私はたいこを演奏します。［たいこ：the drum］

⇨　I play the drum.

❸　私はオルガンを演奏します。［オルガン：the organ］

⇨　

❹　あなたはフルートを演奏します。［フルート：the flute］

⇨　

❺　あなたはギターを演奏します。［ギター：the guitar］

⇨　

❻　あなたはバイオリンを演奏します。［バイオリン：the violin］

⇨　

❼　私たちは野球をします。［野球：baseball］

⇨　

❽　ボブと私（Bob and I）はバスケットボールをします。［バスケットボール：basketball］

⇨　

❾　彼らはサッカーをします。［サッカー：soccer］

⇨　

❿　ケンとアキ（Ken and Aki）は卓球をします。［卓球：table tennis］

⇨　

ボキャブラメモ　play （スポーツを）する；（楽器を）演奏する／ rugby　ラグビー／ drum　たいこ／ organ　オルガン／ flute　フルート／ guitar　ギター／ violin　バイオリン／ baseball　野球／ basketball　バスケットボール／ soccer　サッカー／ table tennis　卓球

STEP 3　練習問題にチャレンジ！

A　（　　）の中から正しいものを選んで丸で囲みましょう。

① I (am / play) rugby.

② They (play / is play) table tennis.

③ We (am play / play) the piano.

④ I (play / play are) the organ.

⑤ I (am play / play / am like) basketball.

B　（　　）の中の語句を、日本語に合うように並べかえましょう。

① あなたは野球をします。(play / baseball / you).

---

② 彼らはギターを演奏します。(guitar / the / they / play).

---

③ 私はオルガンを演奏します。(the / organ / I / play).

---

④ 私はサッカーをします。(soccer / I / play).

---

⑤ 私たちはラグビーをします。(we / play / rugby).

C 日本語を英語にしてみましょう。

① 私たちは卓球をします。

---

② 彼らはサッカーをします。

---

③ 私はたいこを演奏します。

---

④ あなたはフルートを演奏します。

---

⑤ ケン(Ken)とアキ(Aki)はバスケットボールをします。

ボキャブラ最終チェック このレッスンで出てきた語のスペルと音を確認しよう。

□play	[pléi]	動	(スポーツを)する；(楽器を)演奏する	□rugby	[rʌ́gbi]	名	ラグビー
□organ	[ɔ́ːrgən]	名	オルガン	□drum	[drʌ́m]	名	たいこ
□guitar	[gitáːr]	名	ギター	□flute	[flúːt]	名	フルート
□baseball	[béisbɔ̀ːl]	名	野球	□violin	[vàiəlín]	名	バイオリン
□soccer	[sákər]	名	サッカー	□basketball	[bǽskitbɔ̀ːl]	名	バスケットボール
				□table tennis		名	卓球

★ドリルと練習問題の答えは別冊P7へ！

レッスン 16 >>> 一般動詞③ さまざまな一般動詞

I remember Tom.
（私はトムを覚えています）
We watch the game.
（私たちはその試合を見ます）

STEP 1　文法ルールをチェック！

　likeやplay以外にも、一般動詞にはread（読む）、know（知っている）、watch（見る）、write（書く）などなど、たくさんの種類があります。よく使う、重要なものから順に、意味の違いを確認しつつ、少しずつ覚えていきましょう。使い方はlikeやplayと同じです。

　一般動詞といっしょに、回数や頻度を表す単語を使うことがあります。とくにalways（いつも）、usually（ふだんは）、often（しばしば）、sometimes（ときどき）などの副詞をよく使います。これらの副詞は一般的に、主語と一般動詞の間に置かれます。

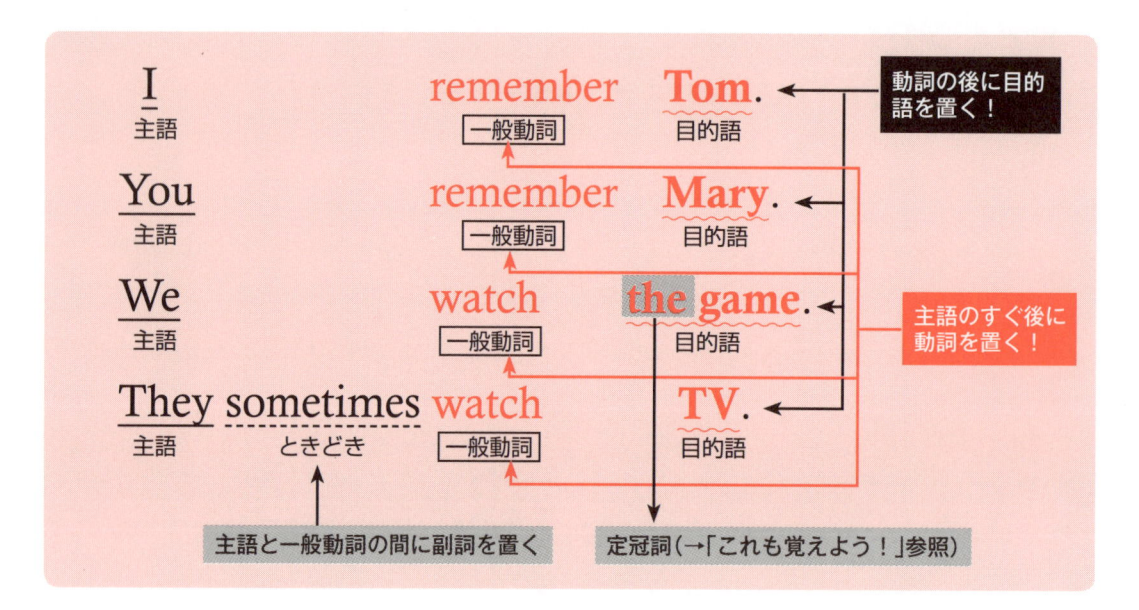

I 主語		remember 一般動詞	Tom. 目的語	← 動詞の後に目的語を置く！
You 主語		remember 一般動詞	Mary. 目的語	
We 主語		watch 一般動詞	the game. 目的語	← 主語のすぐ後に動詞を置く！
They 主語	sometimes ときどき	watch 一般動詞	TV. 目的語	

主語と一般動詞の間に副詞を置く　　　定冠詞（→「これも覚えよう！」参照）

✎ これも覚えよう！　the について

　レッスン15で、定冠詞のtheについて学びました。このtheは一般的に、話している人と聞いている人の両方が共通してわかっている（理解・認識している）名詞につけて使います。たとえば、I go to the station.（私はthe stationに行きます）という文のstation（駅）という単語に、theがついているということは、それを言う人と聞く人の間に、共通の（具体的な）「ナントカ駅」がイメージできているということになります。つまり日本語にすると、「私は（われわれ2人が認識している）その駅に行く」というニュアンスになります（theは「その」と訳されることが多いです）。

STEP 2　ドリルにチャレンジ！

いろいろな動詞を使った「○○は〜します」という文を書く練習をしましょう。

❶　私はトム（Tom）を覚えています。［覚えている：remember］

⇨　I remember Tom.

❷　あなたはメアリー（Mary）を知っています。［知っている：know］

⇨　_____

❸　ジム（Jim）と私はその試合を見ます。［その試合：the game ／見る：watch］

⇨　_____

❹　私たちはしばしば彼に会います。［しばしば：often ／彼に：him ／会う：meet］

⇨　We often meet him.

❺　あなたはしばしば散歩をします。［しばしば：often ／散歩する：take a walk］

⇨　_____

❻　私はいつもこのバットを使います。［いつも：always ／バット：bat ／使う：use］

⇨　_____

❼　私はふだん朝食を食べます。［ふだん：usually ／朝食：breakfast ／食べる：have］

⇨　_____

❽　あなたはふだんスペイン語を話します。［ふだん：usually ／スペイン語：Spanish ／話す：speak］

⇨　_____

❾　彼らはときどき韓国語を話します。［ときどき：sometimes ／韓国語：Korean ／話す：speak］

⇨　_____

❿　ケンとユカ（Ken and Yuka）はとても熱心に数学を勉強します。［とても熱心に：very hard ／数学：math ／勉強する：study］

⇨　_____

ボキャブラメモ　remember　覚えている／ know　知っている／ watch　見る／ game　試合／ often　しばしば／ meet　会う／ him　彼に／ take a walk　散歩する／ always　いつも／ use　使う／ bat　バット／ usually　ふだん／ have　食べる／ breakfast　朝食／ speak　話す／ Spanish　スペイン語／ sometimes　ときどき／ Korean　韓国語／ study　勉強する／ math　数学／ very　とても／ hard　熱心に

STEP 3　練習問題にチャレンジ！

A　日本語に合うように( )の中から正しいものを選んで丸で囲みましょう。

① あなたは英語を話します。　You (study / speak) English.

② 彼らはその試合を見ます。They (play / watch) the game.

③ 私たちはマイクとロブを知っています。We (take / know) Mike and Rob.

④ 私はこのペンを使います。I (use / speak) this pen.

⑤ 私たちはあの男性を覚えています。 We (remember / play / like) that man.

B　( )の中の語句を、日本語に合うように並べかえましょう。

① 私はふだん朝食を食べます。(usually / have / breakfast / I).

② 彼らは数学を一生懸命勉強します。(study / hard / they / math).

③ 私たちはときどきテレビを見ます。(sometimes / watch / we / TV).

④ 私はトムを知っています。(know / I / Tom).

⑤ 彼らはケンのことを覚えています。(remember / they / Ken).

学習日　月　日　｜　月　日　｜　月　日

C　日本語を英語にしてみましょう。

① 私はふだん日本語(Japanese)を話します。

---

② 私たちは英語(English)をとても熱心に勉強します。

---

③ 私はこれらの男性のことを覚えています。

---

④ あなたはときどきナンシー(Nancy)と会います。

---

⑤ トム(Tom)とマイク(Mike)はしばしば散歩をします。

ボキャブラ最終チェック　このレッスンで出てきた語のスペルと音を確認しよう。

□remember	[rimémbər]	動	覚えている	□know	[nóu]	動 知っている
□watch	[wátʃ]	動	見る	□game	[géim]	名 試合
□often	[ɔ́ːfən]	副	しばしば	□meet	[míːt]	動 会う
□him	[him]	代	彼に	□take a walk		散歩する
□always	[ɔ́ːlweiz]	副	いつも	□use	[juːz]	動 使う
□bat	[bǽt]	名	バット	□usually	[júːʒuəli]	副 ふだん
□have	[həv]	動	食べる	□breakfast	[brékfəst]	名 朝食
□speak	[spíːk]	動	話す	□Spanish	[spǽniʃ]	名 スペイン語
□sometimes	[sʌ́mtàimz]	副	ときどき	□Korean	[kəríːən]	名 韓国語
□study	[stʌ́di]	動	勉強する	□math	[mǽθ]	名 数学
□very	[véri]	副	とても	□hard	[háːrd]	副 熱心に
□TV	[tíːvíː]	名	テレビ	□Japanese	[dʒæpəníːz]	名 日本語
□man	[mǽn]	名	男性			

★ドリルと練習問題の答えは別冊P7へ！

レッスン 17 >>> 一般動詞④ 否定文

I do not like mice.
（私はねずみが**好きではありません**）
You don't have the badge.
（あなたはそのバッヂを**持っていません**）

STEP 1 文法ルールをチェック！

「～しません」という、一般動詞の否定文の作り方を学習しましょう。

一般動詞の前に**do not**を置くと、否定文を作ることができます。do notは**don't**という短縮形を用いることができます。

```
     I           like    mice.                    肯定文
  →  I   do not  like    mice.                    否定文
     主語   ↑    一般動詞  目的語
           └── 一般動詞の前にdo notを置く！ 短縮形のdon'tでもOK。

     You         have    the badge.               肯定文
  →  You  don't  have    the badge.               否定文
     主語   ↑    一般動詞  目的語
           └── 一般動詞の前にdon't [do not] を置く。
```

ここで、よく使われる大切な一般動詞をいくつか、まとめてチェックしてみましょう。

□have	[hǽv]	持っている	□go	[góu]	行く
□come	[kʌ́m]	来る	□speak	[spíːk]	話す
□want	[wɑ́nt]	ほしい	□listen	[lísn]	聞く
□study	[stʌ́di]	勉強する	□look	[lúk]	見る
□read	[ríːd]	読む	□write	[ríte]	書く
□take	[téik]	取る	□see	[síː]	見える
□watch	[wɑ́tʃ]	見る	□drive	[dráiv]	運転する
□meet	[míːt]	会う	□practice	[prǽktis]	練習する
□use	[júːz]	使う	□cook	[kúk]	料理する
□clean	[klíːn]	掃除する			

> ✏️ **これも覚えよう！** some の入った文を否定文にする
>
> 肯定文で登場する**some**は、「いくつかの；何人かの」という意味ですが、これを否定文にする場合は**any**に書きかえる必要があります。**not ～ any**で「まったく～ない」という意味になります。I have some pens.（私は数本のペンを持っている）を否定文にすると、I **don't** have **any** pens.（私はペンを持っていない）という文になります。同様に、**something**（何か）も否定文では**anything**（何も）にします。

84

STEP 2　ドリルにチャレンジ！

「○○は〜しません」という文を作りましょう。❻〜❿は、短縮形を使ってみましょう。

❶　私はネズミが好きではありません。[ネズミ：mice ／好き：like]

⇨ I do not like mice.

❷　私はペンを(1本も)持っていません。[ペンを1本も：any pens ／持っている：have]

⇨ I do not have any pens.

❸　私は何も望みません。[何も：anything ／望む：want]

⇨

❹　あなたは中国語を話しません。[中国語：Chinese ／話す：speak]

⇨

❺　あなたはそのバッヂを持っていません。[そのバッヂ：the badge ／持っている：have]

⇨

❻　彼らはケイト(Kate)を信用していません。[信用する：trust]

⇨ They don't trust Kate.

❼　私たちはフランス語を話しません。[フランス語：French ／話す：speak]

⇨

❽　マイク(Mike)と私は昼食を食べません。[昼食：lunch ／食べる：eat]

⇨

❾　彼らはピアノを演奏しません。[ピアノ：the piano ／演奏する：play]

⇨

❿　ボブ(Bob)とマイク(Mike)はジム(Jim)を知りません。[知っている：know]

⇨

📝 **ボキャブラメモ**　mice　mouse（ネズミ）の複数形／any　（否定文で）少しも／pen　ペン／want　望む／anything　（否定文で）何も／speak　話す／Chinese　中国語／have　持っている／badge　バッヂ／trust　信用する／French　フランス語／eat　食べる／lunch　昼食／play　（スポーツを）する；（楽器を）演奏する／piano　ピアノ／know　知っている

STEP 3　練習問題にチャレンジ！

A　（　）の中から正しいものを選んで丸で囲みましょう。

① You (don't speak / aren't speak) English.

② They (like not / don't like) mice.

③ We (are not know / do not know) Mike and Rob.

④ I (do not trust / am not trust) Mary.

B　次の文を否定文にしましょう。

① You know Bob.

------

② I play the guitar.

------

③ They speak English.

------

④ Mike and David remember that woman.

C　（　）の中の語句を、日本語に合うように並べかえましょう。

① 私は朝食を食べません。(do / eat / breakfast / I / not).

------

② 彼らは英語を話しません。(speak / don't / they / English).

③ 彼らはピアノをひきません。(play / do / they / piano / the / not).

④ 私はケイトを知りません。(know / I / Kate / don't).

D 日本語を英語にしてみましょう。

① 私は英語を話しません。

② 私たちは数学が好きではありません。

③ 私はフルートを演奏しません。

④ 彼らはペンを(1本も)持っていません。

ボキャブラ最終チェック このレッスンで出てきた語のスペルと音を確認しよう。

□mice	[máis]	名	mouse(ネズミ)の複数形	□any	[éni]	形	(否定文で) 少しも
□pen	[pén]	名	ペン	□want	[wánt]	動	望む
□anything	[éniθìng]	代	(否定文で)何も	□speak	[spí:k]	動	話す
□Chinese	[tʃainí:z]	名	中国語	□have	[həv]	動	持っている
□badge	[bǽdʒ]	名	バッヂ	□trust	[trʌ́st]	動	信用する
□French	[fréntʃ]	名	フランス語	□eat	[í:t]	動	食べる
□lunch	[lʌ́ntʃ]	名	昼食	□know	[nóu]	動	知っている
□play	[pléi]	動	(スポーツを)する ;(楽器を)演奏する	□piano	[piǽnou]	名	ピアノ

★ドリルと練習問題の答えは別冊P8へ！

レッスン 18 >>> 一般動詞⑤ 疑問文

Do you like beef?
（あなたはビーフが**好きですか**）
Do they know Tom?
（彼らはトムを**知っていますか**）

STEP 1 文法ルールをチェック！

　一般動詞の疑問文「[主語は] 〜しますか」の作り方を学習しましょう。一般動詞の前に**do**を置くと、疑問文を作ることができます。また、be動詞の疑問文と同じように、文末には「**?**（クエスチョンマーク）」を置くことも忘れないようにしましょう。

　答え方については、次のレッスンで学習します。

You like beef.（あなたはビーフが好きです）　　　ふつうの文

→ **Do** you like beef **?**　　　疑問文
　　主語　一般動詞　目的語
　　主語のまえにdoを置く！　　文末にクエスチョンマーク

They know Tom.（彼らはトムを知っている）　　　ふつうの文

→ **Do** they know Tom **?**　　　疑問文
　　主語　一般動詞　目的語
　　主語のまえにdoを置く！　　文末にクエスチョンマーク

✎ これも覚えよう！　時を表す言葉

「毎日」や「毎朝」や「毎晩」などのように、時を表す言葉は、一般的に文末に置かれます。ここでは、〈every（毎）＋ 単数名詞〉で作れる表現を覚えましょう。

□every day	毎日	□every morning	毎朝	□every night	毎晩
□every Sunday	毎週日曜日	□every week	毎週	□every month	毎月
□every year	毎年				

✎ some の入った文を疑問文にする

　肯定文で登場する**some**は、「いくつかの；何人かの」という意味ですが、これを疑問文にする場合は**any**に書きかえる必要があります。たとえば、I have **some** pens.（私は数本のペンを持っている）を疑問文にすると、Do you have **any** pens?（ペンを持っていますか）という文になります。同様に、**something**（何か）も疑問文では**anything**にします。

STEP 2　ドリルにチャレンジ！

「〇〇は〜しますか」という文を作りましょう。

❶　あなたはビーフが好きですか。［ビーフ：beef／好き：like］

⇨　*Do you like beef?*

❷　あなたは地図が必要ですか。［地図：map／必要である：need］

⇨　_____

❸　あなたはピアノを演奏しますか。［ピアノ：piano／演奏する：play］

⇨　_____

❹　あなたは何か欲しいですか。［何か：anything／欲しい：want］

⇨　_____

❺　あなたはいつもこの鉛筆を使いますか。［いつも：always／鉛筆：pencil／使う：use］

⇨　*Do you always use this pencil?*

❻　彼らはトム(Tom)を知っていますか。［知っている：know］

⇨　_____

❼　彼らは何かペットを飼っていますか。［何か：any／ペット：pets／飼う：have］

⇨　_____

❽　ボブ(Bob)とトム(Tom)はテニスが好きですか。［テニス：tennis／好きである：like］

⇨　_____

❾　その少年たちは日本語を話しますか。［少年たち：boys／日本語：Japanese／話す：speak］

⇨　_____

❿　彼らは毎年大阪(Osaka)を訪れますか。［毎年：every year／訪れる：visit］

⇨　_____

ボキャブラメモ　like　好きである／beef　ビーフ／need　必要とする／map　地図／play　（スポーツを）する；（楽器を）演奏する／piano　ピアノ／want　欲しい／anything　何か／always　いつも／use　使う／pencil　鉛筆／know　知っている／have　持っている／any　（疑問文で）いくらかの／pet　ペット／like　好きである／tennis　テニス／boy　少年／speak　話す／Japanese　日本語／visit　訪れる／every year　毎年

STEP 3　練習問題にチャレンジ！

A　（　　）の中から正しいものを選んで丸で囲みましょう。

① （ Do you like / Are you like ） chicken?

② （ Do want you / Do you want ） anything?

③ （ Do they know / Know they ） Bob?

B　次の文を疑問文にしましょう。

① You always use that computer.

----

② They speak English.

----

③ They often meet Yuka.

----

④ Mike and Ken know my father.

C　（　　）の中の語句を、日本語に合うように並べかえましょう。

① あなたはいつもこの鉛筆を使いますか。(always / this / use / pencil / do / you)?

----

② 彼らは何かペットを飼っていますか。(pets / have / they / any / do) ?

----

③ あなたは何か欲しいですか。(want / you / anything / do)?

④ あなたはボブを知っていますか。(know / you / Bob / do)?

D 日本語を英語にしてみましょう。

① あなたは毎年京都(Kyoto)を訪れますか。

② 彼らはあの医者を知っていますか。

③ あなたは日本語を話しますか。

④ その少年たちはこの地図が必要ですか。

ボキャブラ最終チェック　このレッスンで出てきた語のスペルと音を確認しよう。

□like	[láik]	動	好きである	□beef	[bíːf]	名	ビーフ
□need	[níːd]	動	必要とする	□map	[mæp]	名	地図
□play	[pléi]	動	(スポーツを)する；(楽器を)演奏する	□piano	[piænou]	名	ピアノ
				□anything	[éniθiŋ]	代	何か
□want	[wánt]	動	欲しい	□always	[ɔ́ːlweiz]	副	いつも
□use	[júːz]	動	使う	□pencil	[pénsəl]	名	鉛筆
□know	[nóu]	動	知っている	□have	[həv]	動	持っている
□any	[éni]	形	(疑問文で)いくらかの	□pet	[pét]	名	ペット
□tennis	[ténis]	名	テニス	□boy	[bɔ́i]	名	少年
□speak	[spíːk]	動	話す	□Japanese	[dʒæpəníːz]	名	日本語
□visit	[vízːt]	動	訪れる	□every	[évri]	形	毎
□year	[jíər]	名	年				

★ドリルと練習問題の答えは別冊P8へ！

レッスン 19 　>>> 一般動詞⑥　疑問文への答え方

Do Tom and Cathy usually have breakfast?
（トムとキャシーはふだん朝食を食べますか）
Yes, they do. / No, they don't.
　（はい）　　　　　　　　　　（いいえ）

STEP 1　文法ルールをチェック！

　一般動詞の疑問文、**Do ～ ?**（[主語]は[動詞]しますか）への答え方を学習しましょう。Do you ～ ?（あなたは～しますか）に対して、「はい、私はします」と答えたいときは、**Yes, I do.** です。「いいえ、私はしません」と答えたいときは、**No, I do not.** です。do notは**don't**と短縮できます。

　youには「あなたたちは」という意味もあるので、**Yes, we do.** や、**No, we do not [don't].** とも答えられます。どちらにするかは、それまでの会話の流れから判断します。

　そして、Do ～ ?の疑問文の主語には、youだけでなく、they（彼ら）やJohn and Mary（ジョンとメアリー）や〈these [those] ＋ 名詞〉などの複数形の名詞もなれます。疑問文の主語がtheyの場合の答えはtheyですが、these boysなどの場合もtheyで答えます。

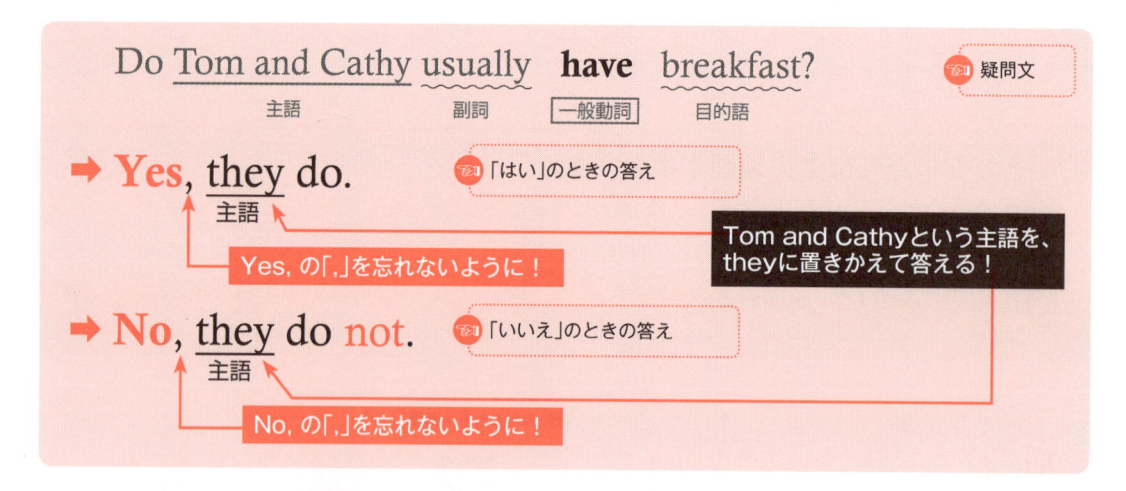

Do Tom and Cathy usually have breakfast?
　　　主語　　　　　　　副詞　　一般動詞　目的語　　　　疑問文

→ **Yes, they do.**　「はい」のときの答え
　　　主語
　　　Yes, の「,」を忘れないように！
　　　Tom and Cathyという主語を、theyに置きかえて答える！

→ **No, they do not.**　「いいえ」のときの答え
　　　主語
　　　No, の「,」を忘れないように！

✏ これも覚えよう！　動詞＋前置詞

　動詞には、後ろにそのまま名詞を置ける動詞と、動詞と名詞の間に前置詞という品詞を置かなければならない動詞があります。たとえば、Do you like New York?（ニューヨークが好きですか）という文では、likeの後ろに名詞（New York）をそのまま置けます。ですが、「ニューヨークに住んでいますか」と言いたい場合は、動詞（live＝住む）と名詞（New York）の間に、inという前置詞を置く必要があります。そのため、Do you live in New York?という英文になります。walk（歩く）という動詞も、walk to the station（駅まで歩いていく）のように、toという前置詞を置く必要があります。
　このような〈動詞＋前置詞〉という形は、ほかにもたくさんあります。1つずつコツコツマスターしていきましょう！

STEP 2　ドリルにチャレンジ！

「○○は〜しますか」という文と答えを書いてみましょう。❻❽❿は短縮形を使いましょう。

❶　あなたはトム（Tom）を知っていますか。はい。［知っている：know］

⇨ *Do you know Tom? Yes, I do.*

❷　あなたはプレゼントが欲しいですか。いいえ。［プレゼント：present／欲しい：want］

⇨ _____

❸　あなたは傘を持っていますか。はい。［傘：an umbrella／持っている：have］

⇨ _____

❹　あなたはニューヨークに住んでいますか。いいえ。［ニューヨーク：New York／〜に住んでいる：live in］

⇨ _____

❺　あなたはいつもメガネをかけていますか。はい。［いつも：always／メガネ：glasses／かけている：wear］

⇨ _____

❻　あなたはふだん駅まで歩いて行きますか。いいえ。［ふだん：usually／駅：station／〜に歩いて行く：walk to］

⇨ _____

❼　彼らは切手を集めていますか。はい。［切手：stamps／集める：collect］

⇨ *Do they collect stamps? Yes, they do.*

❽　彼らはよく中国を訪問しますか。いいえ。［よく：often／中国：China／訪問する：visit］

⇨ _____

❾　彼らはふだんこれらの鉛筆を使いますか。はい。［ふだん：usually／鉛筆：pencils／使う：use］

⇨ _____

❿　トム（Tom）とキャシー（Cathy）はふだん朝食を食べますか。いいえ。
　　［ふだん：usually／朝食：breakfast／食べる：have］

⇨ _____

ボキャブラメモ　know　知っている／want　欲しい／present　プレゼント／have　持っている；食べる／umbrella　傘／live in　〜に住んでいる／New York　ニューヨーク／always　いつも／wear　身につける／glasses　メガネ／usually　ふだん／walk to　〜へ歩いて行く／station　駅／collect　集める／stamp　切手／often　しばしば／visit　訪れる／China　中国／use　使う／pencil　鉛筆／breakfast　朝食

STEP 3　練習問題にチャレンジ！

A　次の英文に、(　)を用いて答えましょう。

① Do you like cats?（Yes）　➡　
② Do you want a car?（No）　➡　
③ Do they want the newspaper?（Yes）➡　
④ Do the children speak Spanish?（No）➡　

B　次の文を疑問文にして、(　)を使って答えましょう。

① You always use that computer. （Yes）

② They collect stamps. (No)

③ You have an umbrella.（Yes）

④ They usually walk to the station.（No）

C　(　)の中の語句を、日本語に合うように並べかえましょう。

① あなたはふだん昼食を食べますか。はい。
(usually / eat / lunch / do / you)? (yes / do / , / I).

| 学習日 | 月 | 日 | 月 | 日 | 月 | 日 |

② 彼らは数学を勉強しますか。いいえ。
(study / math / they / do)? (no / , / they / don't).

③ その生徒たちはしばしば学校まで歩いて行きますか。はい。
(often / walk / the students / do / school / to)? (do / , / yes / they).

④ あなたはプレゼントが欲しいですか。いいえ。
(want / you / a / do / present)? (I / don't / no / ,).

D 日本語を英語にしてみましょう。

① あなたは毎年中国を訪れますか。はい。

② 彼らは切手を集めていますか。いいえ。

③ あなたがたはニューヨークに住んでいますか。はい。

ボキャブラ最終チェック このレッスンで出てきた語のスペルと音を確認しよう。

□know	[nóu]	動 知っている	□want	[wánt]	動 欲しい
□present	[prézənt]	名 プレゼント	□have	[həv]	動 持っている；食べる
□umbrella	[ʌmbrélə]	名 傘	□live in		～に住んでいる
□New York	[njúːjɔ́ːrk]	名 ニューヨーク	□always	[ɔ́ːlweiz]	副 いつも
□wear	[wέər]	動 身につける	□glasses	[glǽsiz]	名 メガネ
□usually	[júːʒuəli]	副 ふだん	□walk to		～へ歩いて行く
□station	[stéiʃən]	名 駅	□collect	[kəlékt]	動 集める
□stamp	[stǽmp]	名 切手	□often	[ɔ́ːfən]	副 しばしば
□visit	[vízit]	動 訪れる	□China	[tʃáinə]	名 中国
□use	[juːz]	動 使う	□pencil	[pénsəl]	名 鉛筆
□breakfast	[brékfəst]	名 朝食			

★ドリルと練習問題の答えは別冊P8へ！

レッスン 20

>>> 一般動詞⑦　He likes ～. と She likes ～.

He likes science.
（彼は科学が**好きです**）

She likes dolphins.
（彼女はイルカが**好きです**）

STEP 1　文法ルールをチェック！

　英語には重要なルールがあります。それは、主語が**I**や**you**以外の単数（1人もしくは1個）の場合は、<u>一般動詞の最後に**s**をつけなければならない</u>というルールです。ここでは動詞like（～を好む；～が好きだ）を用いて練習しましょう。

　英文法には「人称(にんしょう)」という考え方があります。

① I（私）やwe（私たち）のように、<u>自分</u>をさすもの＝**1人称**
② you（あなた；あなたたち）のように、<u>相手</u>をさすもの＝**2人称**
③ <u>自分と相手以外</u>をさすもの＝**3人称**（例：he、she、they、a pen、Mary、these boysなど）

　これから学習する「Iやyou以外の単数が主語」は、「3人称単数」と呼ばれ、これが主語のときに動詞の最後につけられるsのことを、「3人称単数現在のs」や「三単現のs」と呼びます。

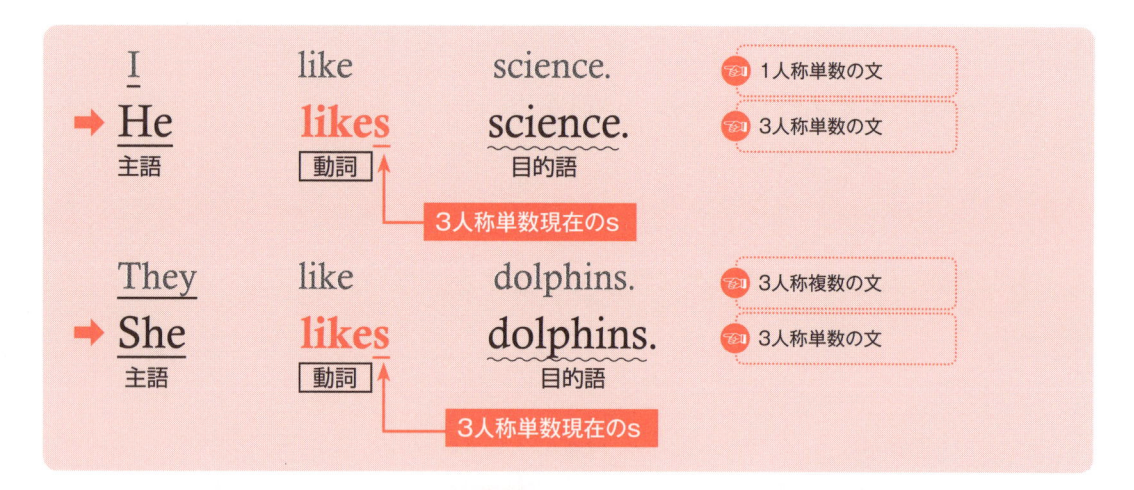

```
    I           like        science.         1人称単数の文
→   He          likes       science.         3人称単数の文
    主語        動詞        目的語
                ↑
                3人称単数現在のs

    They        like        dolphins.        3人称複数の文
→   She         likes       dolphins.        3人称単数の文
    主語        動詞        目的語
                ↑
                3人称単数現在のs
```

✎ これも覚えよう！　人称についておさらい

	1人称	2人称	3人称
単数	I（私は）	you（あなたは）	**自分と相手以外のすべて**　例：he（彼は）、she（彼女は）、Mike（マイクは）、my sisiter（私の姉は）、this dog（この犬は）
複数	we（私たちは）	you（あなたたちは）	**自分と相手以外のすべて**　例 they（彼らは；彼女らは；それらは）、Mike and Tom（マイクとトムは）、these bags（これらのかばんは）

赤字の部分（＝3人称単数）が主語になるときだけ、動詞の最後にsをつけるのです。

STEP 2　ドリルにチャレンジ！

1人称の I を使った英文を、3人称単数の名詞を主語にして書きかえてみましょう。

❶ I like spring.（私は春が好きです）　⇒彼は

⇨ *He likes spring.*

❷ I like summer.（私は夏が好きです）　⇒彼は

⇨ _____

❸ I like Australia.（私はオーストラリアが好きです）　⇒彼は

⇨ _____

❹ I like fishing very much.（私は魚釣りがとても好きです）　⇒彼は

⇨ _____

❺ I like winter.（私は冬が好きです）　⇒私の父(my father)は

⇨ _____

❻ I like dolphins.（私はイルカが好きです）　⇒彼女は

⇨ *She likes dolphins.*

❼ I like the player.（私はその選手が好きです）　⇒彼女は

⇨ _____

❽ I like scuba diving.（私はスキューバダイビングが好きです）　⇒彼女は

⇨ _____

❾ I like folk songs very much.（私はフォークソングがとても好きです）　⇒彼女は

⇨ _____

❿ I like autumn [fall].（私は秋が好きです）　⇒私の母(my mother)は

⇨ _____

ボキャブラメモ　like 好きである／spring 春／summer 夏／Australia オーストラリア／fishing 魚釣り／very much とても／father 父親／winter 冬／dolphin イルカ／player 選手／scuba diving スキューバダイビング／folk song フォークソング／mother 母親／autumn 秋／fall 秋

STEP 3　練習問題にチャレンジ！

A　(　)の中から正しいものを選んで丸で囲みましょう。

① She (is like / likes) fishing.

② My friend (likes / is likes) summer.

③ Jane (is like / likes) folk songs.

④ He (likes / likes is) scuba diving very much.

B　指示に従って書きかえましょう。

① You like spring.（youをsheにして）

------

② I like Australia.（Iをmy brotherにして）

------

③ We like autumn.（weをthe womanにして）

------

④ They like Kyoto.（theyをheにして）

C　下線部を適切な形にして、(　)の中の語句を、日本語に合うように並べかえましょう。

① 彼は英語が好きです。(like / English / he).

98

② マイクは野球が好きです。(baseball / like / Mike).

③ 木村氏はオーストラリアが好きです。(Australia / Mr. Kimura / like).

④ 彼女はボブがとても好きです。(Bob / she / very / like / much).

⑤ 彼は秋がとても好きです。(very / fall / like / he / much).

D 日本語を英語にしてみましょう。

① 彼女は冬が好きです。

② 彼はあの選手が好きです。

③ その男性はイルカがとても好きです。

④ 私の父は日本(Japan)がとても好きです。

ボキャブラ最終チェック このレッスンで出てきた語のスペルと音を確認しよう。

□like	[láik]	動 好きである	□spring	[sprín]	名 春
□summer	[sʌ́mər]	名 夏	□Australia	[ɔːstréːilja]	名 オーストラリア
□fishing	[fíʃiŋ]	名 魚釣り	□very	[véri]	副 とても
□much	[mʌ́tʃ]	副 とても	□father	[fɑ́ːðər]	名 父親
□winter	[wíntər]	名 冬	□dolphin	[dɑ́lfin]	名 イルカ
□player	[pléiər]	名 選手	□scuba diving		名 スキューバダイビング
□folk song		名 フォークソング	□mother	[mʌ́ðər]	名 母親
□autumn	[ɔ́ːtəm]	名 秋	□fall	[fɔ́ːl]	名 秋

★ドリルと練習問題の答えは別冊P9へ！

レッスン 21 >>> 一般動詞⑧ He plays ～. と She plays ～.

He plays tennis.
（彼はテニスを**します**）
She plays the organ.
（彼女はオルガンを**演奏します**）

STEP 1　文法ルールをチェック！

　前のレッスンで、主語が**3人称単数のときは、一般動詞like**に**s**をつけるという学習をしました。ここではもう1つ、非常によく使う動詞**play**を用いて学習しましょう。

　三単現のsを動詞につける必要があるかどうかは、主語によって決まります。前のレッスンでは、heやsheなどの主語が中心でしたが、たとえばthe boy（その少年）やmy sister（私の姉）やMike（マイク）などのように、主語が**I**と**you以外の単数名詞**である場合にも、このルールがあてはまります。

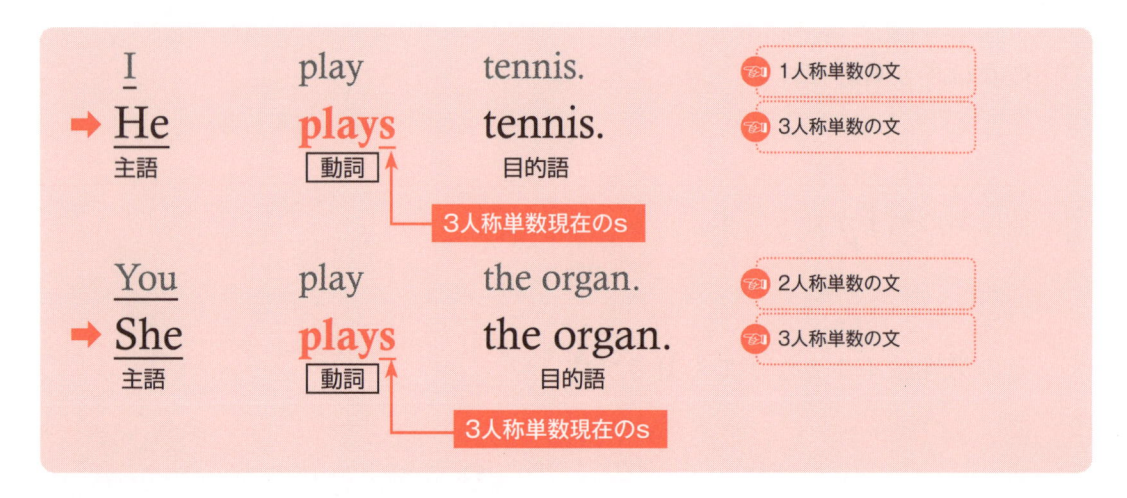

```
   I       play    tennis.         例 1人称単数の文
➡  He      plays   tennis.         例 3人称単数の文
   主語    動詞    目的語
           ↑
           3人称単数現在のs

   You     play    the organ.      例 2人称単数の文
➡  She     plays   the organ.      例 3人称単数の文
   主語    動詞    目的語
           ↑
           3人称単数現在のs
```

✎ これも覚えよう！　人以外の「3人称単数」

　3人称単数形の名詞は、人だけではありません。たとえば、a mouse（1匹のネズミ）、a car（1台の車）、this computer（このコンピュータ）、Japan（日本）などといった動物やものなども、3人称単数の名詞と考えます。

✎ よく使う副詞

　副詞が形容詞や動詞を修飾することは、レッスン14などでも学習しました。ここで、動詞の程度を説明するのによく使われる副詞について、少し見てみましょう。そして、これらの副詞は文末に置きます。

☐ **much**　とても　　☐ **hard**　熱心に　　☐ **fast**　速く　　☐ **well**　上手に

STEP 2　ドリルにチャレンジ！

1人称の I を使った英文を、3人称単数の名詞を主語にして書きかえてみましょう。

❶　I play tennis.（私はテニスをします）⇒彼は

⇨　*He plays tennis.*

❷　I play the drum.（私はたいこを演奏します）⇒トム(Tom)は

⇨　_____

❸　I play rugby.（私はラグビーをします）⇒その少年(the boy)は

⇨　_____

❹　I play the violin.（私はバイオリンを演奏します）⇒ジェイク(Jake)は

⇨　_____

❺　I play football.（私はフットボールをします）⇒私の兄(my brother)は

⇨　_____

❻　I play the organ.（私はオルガンを演奏します）⇒彼女は

⇨　*She plays the organ.*

❼　I play basketball.（私はバスケットボールをします）⇒ジェーン(Jane)は

⇨　_____

❽　I play the trumpet.（私はトランペットを演奏します）⇒その少女(the girl)は

⇨　_____

❾　I play volleyball very well.（私はとても上手にバレーボールをします）⇒ユミ(Yumi)は

⇨　_____

❿　I play the bass very well.（私はとても上手にベースを演奏します）⇒私の姉(my sister)は

⇨　_____

📝**ボキャブラメモ**　play （スポーツを）する；（楽器を）演奏する／tennis　テニス／drum　たいこ／rugby　ラグビー／boy　少年／violin　バイオリン／brother　兄[弟]／football　フットボール／organ　オルガン／basketball　バスケットボール／girl　少女／trumpet　トランペット／volleyball　バレーボール／very　とても／well　上手に／sister　姉[妹]／bass　ベース

STEP 3　練習問題にチャレンジ！

A　（　）の中から正しいものを選んで丸で囲みましょう。

① He (plays / play) the violin very well.

② She (plays / play) basketball.

③ My sister (is plays / plays) the organ.

B　指示に従って書きかえましょう。

① You play the bass very well.（youをheにして）

-----

② I play the violin.（Iをsheにして）

-----

③ We play tennis.（weをthe manにして）

-----

④ You play the drum.（youをmy fatherにして）

C　下線部を適切な形にして、（　）の中の語句を、日本語に合うように並べかえましょう。

① 私の兄はバスケットボールをします。(play / basketball / my / brother).

-----

② 彼はギターを演奏します。(guitar / the / he / play).

③ ケイトはバレーボールをします。(volleyball / Kate / play).

④ 彼女はトランペットを演奏します。(trumpet / the / she / play).

⑤ マイクはラグビーをします。(Mike / play / rugby).

D 日本語を英語にしてみましょう。

① 私の姉はテニスをします。

② 彼はフットボールをします。

③ 彼女はたいこを演奏します。

④ ケン(Ken)はバイオリンを演奏します。

ボキャブラ最終チェック　このレッスンで出てきた語のスペルと音を確認しよう。

□play	[pléi]	動	(スポーツを)する；(楽器を)演奏する	□tennis	[ténis]	名	テニス
				□drum	[drʌ́m]	名	たいこ
□rugby	[rʌ́gbi]	名	ラグビー	□boy	[bɔ́i]	名	少年
□violin	[vàiəlín]	名	バイオリン	□brother	[brʌ́ðər]	名	兄[弟]
□football	[fútbɔ̀ːl]	名	フットボール	□organ	[ɔ́ːrgən]	名	オルガン
□basketball	[bǽskitbɔ̀ːl]	名	バスケットボール	□girl	[gə́ːrl]	名	少女
□trumpet	[trʌ́mpit]	名	トランペット	□volleyball	[válibɔ̀ːl]	名	バレーボール
□very	[véri]	副	とても	□well	[wél]	副	上手に
□sister	[sístər]	名	姉[妹]	□bass	[béis]	名	ベース
□guitar	[gitɑ́ːr]	名	ギター				

★ドリルと練習問題の答えは別冊P9へ！

レッスン 22 >>> 一般動詞⑨ ｓをつけるだけの三単現

The girl makes biscuits.
（その少女はビスケットを**作ります**）
Janet runs very fast.
（ジャネットはとても速く**走ります**）

STEP 1　文法ルールをチェック！

前のレッスンでは、<u>主語が**3人称単数**のときは、一般動詞に**s**をつける</u>という学習をしました。一般動詞には、さまざまな種類があります。ここで学習する動詞は、単純に動詞の最後に**s**をつければ**OK**な動詞ばかりです。

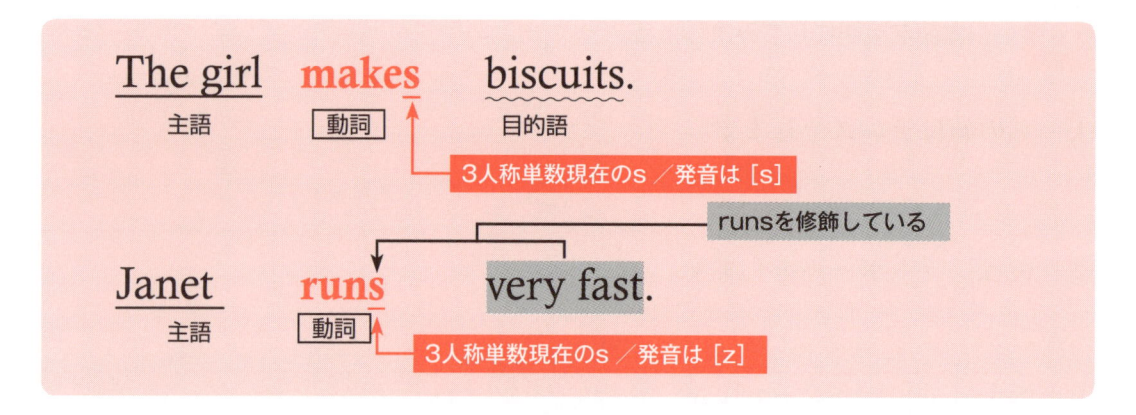

```
The girl    makes      biscuits.
 主語       [動詞]       目的語
            ↑
      3人称単数現在のs／発音は [s]

                         runs を修飾している
Janet       runs       very fast.
 主語      [動詞]
            ↑
      3人称単数現在のs／発音は [z]
```

3単現のsは、単語の終わり方で**発音**が異なります。

【ルール①】動詞が [p] [k] [f] [t] の音で終わったときの s は [s] の音。
　□**make** [méik] ⇨ **makes** [méiks] 作る　　□**drink** [drínk] ⇨ **drinks** [drínks] 飲む

【ルール②】動詞が [s] [z] [ʃ] [tʃ] [dʒ] で終わったときの s は [iz] の音。
　□**use** [júːz] ⇨ **uses** [júːziz] 使う　　□**watch** [wátʃ] ⇨ **watches** [wátʃiz] 見る

【ルール③】それ以外は [z] の音。
　□**run** [rʌ́n] ⇨ **runs** [rʌ́nz] 走る　　□**grow** [gróu] ⇨ **grows** [gróuz] 育つ

ただし、write**s**（書く）やget**s**（得る）やeat**s**（食べる）の [ts] の音や、read（読む）の3単現read**s**の [dz] の音は、2つの音が合わさって、「ツ」や「ヅ」のような音になります。

✎ **これも覚えよう！**　fast と early

「早く」と「速く」は、日本語でもしっかり区別しなくてはいけない言葉ですが、英語でもそれは同じです。**fast**は「速く」という意味で、**early**は「早く」という意味です。どちらも副詞で、動詞や形容詞を修飾します。fastは<u>スピードや速度</u>について、earlyは<u>時間</u>について表現します。

STEP 2　ドリルにチャレンジ！

1人称の I を使った英文を、3人称単数の名詞を主語にして書きかえてみましょう。

❶ I write letters.（私は手紙を書きます）⇒メアリー（Mary）は

⇨ Mary writes letters.

❷ I run very fast.（私はとても速く走ります）⇒ジャネット（Janet）は

⇨ Janet runs very fast.

❸ I make biscuits.（私はビスケットを作ります）⇒その少女（the girl）は

⇨ _____

❹ I get up early every day.（私は毎日早く起きます）⇒彼女は

⇨ _____

❺ I drink milk every morning.（私は毎朝牛乳を飲みます）⇒彼女は

⇨ _____

❻ I love Kate very much.（私はケイトをとても愛しています）⇒ジム（Jim）は

⇨ _____

❼ I take a bath every night.（私は毎晩お風呂に入ります）⇒彼は

⇨ _____

❽ I cook supper every day.（私は毎日夕飯を作ります）⇒トム（Tom）は

⇨ _____

❾ I read a newspaper every day.（私は毎日新聞を読みます）⇒彼は

⇨ _____

❿ I eat a carrot every day.（私は毎日ニンジンを食べます）⇒そのウサギ（the rabbit）は

⇨ _____

ボキャブラメモ　write 書く／letter 手紙／run 走る／very とても／fast 速く／girl 少女／make 作る／biscuit ビスケット／get up 起きる／early 早く／every 毎／day 日／drink 飲む／milk 牛乳／morning 朝／love 愛する／much とても／take a bath 風呂に入る／night 夜／cook 料理する／supper 夕食／read 読む／newspaper 新聞／rabbit ウサギ／eat 食べる／carrot ニンジン

STEP 3 練習問題にチャレンジ！

A 日本語に合うように( )の中から正しいものを選んで丸で囲みましょう。

① 彼は手紙を書きます。He (write / writes) letters.
② ジャネットはビスケットを作ります。Janet (make / makes) biscuits.
③ 彼女は毎日新聞を読みます。She (read / reads) a newspaper every day.
④ その男性は毎晩ビールを飲みます。The man (drinks / is drinks) beer every night.

B 指示に従って書きかえましょう。

① You run very fast.（youをheにして）

----

② I take a bath every night.（Iをsheにして）

----

③ They love Kate.（theyをRobにして）

----

④ You read a newspaper every day. （youをmy brotherにして）

C 下線部を適切な形にして、( )の中の語句を、日本語に合うように並べかえましょう。

① 彼は毎朝、朝食を食べます。(eat / breakfast / he) every morning.

----

② 彼女は英語を上手に話します。(speak / well / she / English).

----

③ マイクは毎朝牛乳を飲みます。(Mike / milk / <u>drink</u>) every morning.

④ その少女はビスケットを作ります。(<u>make</u> / biscuits / the / girl).

D 日本語を英語にしてみましょう。時を表す言葉は文末に置きましょう。

① トム(Tom)は速く走ります。

② ジャネット(Janet)は毎晩お風呂に入ります。

③ 彼は毎日新聞を読みます。

④ そのウサギは毎日ニンジン(1本)を食べます。

ボキャブラ最終チェック
このレッスンで出てきた語のスペルと音を確認しよう。

□write	[ráit]	動 書く	□letter	[létər]	名	手紙
□run	[rʌ́n]	動 走る	□very	[véri]	副	とても
□fast	[fǽst]	副 速く	□girl	[gə́ːrl]	名	少女
□make	[méik]	動 作る	□biscuit	[bískit]	名	ビスケット
□get up		起きる	□early	[ə́ːrli]	副	早く
□every	[évri]	形 毎	□day	[déi]	名	日
□drink	[drínk]	動 飲む	□milk	[mílk]	名	牛乳
□morning	[mɔ́ːrniŋ]	名 朝	□love	[lʌ́v]	動	愛する
□much	[mʌ́tʃ]	副 とても	□take a bath			風呂に入る
□night	[náit]	名 夜	□cook	[kúk]	動	料理する
□supper	[sʌ́pər]	名 夕食	□read	[ríːd]	動	読む
□newspaper	[njúːzpèipər]	名 新聞	□rabbit	[rǽbit]	名	ウサギ
□eat	[íːt]	動 食べる	□carrot	[kǽrət]	名	ニンジン
□beer	[bíər]	名 ビール	□breakfast	[brékfəst]	名	朝食
□speak	[spíːk]	動 話す	□English	[íŋgliʃ]	名	英語

★ドリルと練習問題の答えは別冊P10へ！

レッスン 23 >>> 一般動詞⑩ -ies / -es の三単現

The cat catches mice.
（そのネコはネズミを捕まえます）
He studies Chinese.
（彼は中国語を勉強します）

STEP 1　文法ルールをチェック！

　3人称単数の名詞が主語の場合、動詞に**s**をつけることは学習しましたが、動詞によっては、そのまま後ろに**s**をつけられない動詞もあります。

【ルール①】　動詞の語尾が **s、sh、ch、x、o** のときは **es** をつける
　□**watch**（見る）⇒ **watches**　　　□**wash**（洗う）⇒ **washes**

【ルール②】　動詞の語尾が子音字＋**y** のときは **y** を **i** に換えて **es** をつける
　□**try**（挑戦する）⇒ **tries**　　　□**study**（勉強する）⇒ **studies**

　The cat　　catches　　mice.
　　主語　　　　動詞　　　目的語
　　　　　　　　↑
　　　　　　esをつける！

　He　　　　studies　　Chinese.
　主語　　　　動詞　　　目的語
　　　　　　　　↑
　　studyのyをiに換えてesをつける！

✏️ **これも覚えよう！　代名詞**

① **everything**は「すべてのこと」という代名詞です。every day（毎日）などと同様、everyは「すべての」という意味です。ただしeverythingは1つの単語なので、everyとthingの間はあけません。～thingという代名詞はほかにもあります。
　□**everything**　すべてのこと　　　　　□**something**　何か
　□**anything**（否定文・疑問文で）何も；何か　　□**nothing**　何も～ない

② **us**は「私たちに[を]」、**them**は「彼らに[を]」という意味で、人称代名詞**we**（私たちは）と**they**（彼らは）が変化したものです。weとtheyは主格、usとthemは目的格（→レッスン13）。toのような前置詞の後ろでは、目的格を用います。

✏️ **前置詞**

① **動詞＋前置詞**：動詞teach（教える）は、前置詞to（～に）を使って、teach ～ to …とすることで、「～を…に教える」という意味を表せます。

② **手段を表す前置詞**：前置詞は、手段を表すこともあります。Kim watches the soccer games on TV.のonは「（～という手段）で」という意味で、on TVで「テレビで」という意味です。

✏️ **「たくさん」を表す言葉**

例文⑧の **a lot of** は後ろに名詞を置いて、「たくさんの[名詞]」という意味を表します。後ろに置く名詞が数えられる名詞の場合は、複数形にします。

STEP 2　ドリルにチャレンジ！

1人称の英文を、3人称単数を主語にして書きかえてみましょう。

❶ I study Chinese.（私は中国語を勉強します）⇒彼は

⇒ He studies Chinese.

❷ I watch TV every day.（私は毎日テレビを見ます）⇒彼は

⇒

❸ I try everything.（私は何でも挑戦します）⇒その俳優(the actor)は

⇒

❹ I teach English to Ken.（私はケンに英語を教えます）⇒ホワイト先生(Mr.White)は

⇒

❺ I wash his bike every Sunday.（私は毎週日曜日に彼の自転車を洗います）⇒トム(Tom)は

⇒

❻ I teach music to them.（私は彼らに音楽を教えます）⇒彼女は

⇒ She teaches music to them.

❼ I watch soccer games on TV.（私はテレビでサッカーの試合を見ます）⇒キム(Kim)は

⇒

❽ I carry a lot of guidebooks.（私はたくさんのガイドブックを持ち歩きます）⇒その旅人(the tourist)は

⇒

❾ I catch mice.（私はネズミを捕まえます）⇒そのネコ(the cat)は

⇒

❿ I fly very fast.（私はとても速く飛びます）⇒その大きな鳥(the big bird)は

⇒

ボキャブラメモ　study 勉強する／Chinese 中国語／watch 見る／TV テレビ／every 毎／day 日／actor 俳優／try 挑戦する／everything 何でも／Mr. ～先生／teach ～ to … ～を…に教える／English 英語／wash 洗う／bike 自転車／Sunday 日曜日／teach 教える／music 音楽／them 彼[彼女・それ]らに／soccer サッカー／game 試合／on TV テレビで／tourist 旅行者／carry 運ぶ／a lot of たくさんの／guidebook ガイドブック／cat ネコ／catch 捕まえる／mice mouse（ネズミ）の複数形／big 大きい／bird 鳥／fly 飛ぶ／very とても／fast 速く

STEP 3　練習問題にチャレンジ！

A　日本語に合うように(　)の中から正しいものを選んで丸で囲みましょう。

① 彼は中国語を勉強します。He (study / studies) Chinese.
② ジャックは毎日彼の自転車を洗います。Jack (washes / wash) his bike every day.
③ 彼女は何でも挑戦します。She (try / tries) everything.

B　指示に従って書きかえましょう。

① You always carry this guidebook.（youをheにして）

② I usually study Chinese.（Iをsheにして）

③ They often teach English to him.（theyをNancyにして）

④ You try everything.（youをmy brotherにして）

C　下線部を適切な形にして、(　)の中の語句を、日本語に合うように並べかえましょう。

① その鳥は飛びます。(fly / bird / the).

② 彼女は一生懸命英語を勉強します。(study / very / she / English / hard).

③ 彼はしばしば私に中国語を教えます。(often / he / Chinese / teach) to me.

④ そのネコはネズミを捕まえます。(mice / cat / the / catch).

D 日本語を英語にしてみましょう。

① 彼は中国語を勉強します。

② 彼女はテレビでサッカーの試合を見ます。

③ その旅行者はたくさんのガイドブックを持ち歩きます。

④ その俳優は何にでも挑戦します。

ボキャブラ最終チェック　このレッスンで出てきた語のスペルと音を確認しよう。

語	発音	品詞	意味
□study	[stʌ́di]	動	勉強する
□watch	[wátʃ]	動	見る
□every	[évri]	形	毎
□actor	[ǽktər]	名	俳優
□everything	[évriθiŋ]	代	何でも
□teach ~ to …			~を…に教える
□wash	[wáʃ]	動	洗う
□Sunday	[sʌ́ndei]	名	日曜日
□music	[mjúːzik]	名	音楽
□soccer	[sákər]	名	サッカー
□tourist	[túərist]	名	旅行者
□a lot of			たくさんの
□cat	[kǽt]	名	ネコ
□mice	[máis]	名	mouse (ネズミ)の複数形
□bird	[bə́ːrd]	名	鳥
□very	[véri]	副	とても
□always	[ɔ́ːlweiz]	副	いつも
□often	[ɔ́ːfən]	副	しばしば
□Chinese	[tʃainíːz]	名	中国語
□TV	[tíːvíː]	名	テレビ
□day	[déi]	名	日
□try	[trái]	動	挑戦する
□Mr.	[místər]	名	~先生
□English	[íŋglis]	名	英語
□bike	[báik]	名	自転車
□teach	[tíːtʃ]	動	教える
□them	[ðəm]	代	彼[彼女・それ]らに
□game	[géim]	名	試合
□carry	[kǽri]	動	運ぶ
□guidebook	[gáidbùk]	名	ガイドブック
□catch	[kǽtʃ]	動	捕まえる
□big	[bíg]	形	大きい
□fly	[flái]	動	飛ぶ
□fast	[fǽst]	副	速く
□usually	[júːʒuəli]	副	ふだん
□hard	[hɑ́ːrd]	副	熱心に

★ドリルと練習問題の答えは別冊P10へ！

レッスン 24 >>> 一般動詞⑪　have と go の三単現

Jim has a map.
（ジムは地図を**持っています**）
Mike goes to school every day.
（マイクは毎日学校へ**行きます**）

STEP 1　文法ルールをチェック！

　have（持っている）とgo（行く）はとても大切な一般動詞ですが、三単現のsのつけ方がとても特殊な動詞です。これらの2つについては、前のレッスンで学習した「三単現のsのつけ方」のルールにあてはまらない動詞として、独自に覚えておきましょう。

- □ **have**（持っている）⇒　**has**　　□ **go**（行く）⇒　**goes**

　　I　　have　a map.　　　主語が1人称単数
➡ Jim　**has**　a map.　　　主語が3人称単数
　　主語　動詞　目的語

　　You　　go　to　school　every day.　　主語が2人称単数
➡ Mike　**goes**　to　school　every day.　　主語が3人称単数
　　主語　　動詞
　　　　　　　　↑「〜へ」という意味の前置詞
　　　　　　　　　　　　　　　↑時を表す表現

これも覚えよう！　時を表す表現いろいろ

「〜が…をする」という一般動詞の文では、それが行われている時を表す言葉がよく使われます。
- □ **in the morning**　朝に　　□ **in the afternoon**　昼に　　□ **in the evening**　夜に

inは「（年や季節や月や時間帯）に」という意味の、時を表す前置詞です。ほかに、「（曜日や特定の日づけ）に」という意味の**on**や、「（時刻）に」という意味の**at**も、時を表す前置詞で、よく使われます。
例　**on Sunday**　日曜日に　　　**at seven**　7時に

動詞＋前置詞

動詞goは前置詞toといっしょになった**go to**という形でよく使われます。〈go to＋場所〉で、「[場所]へ行く」を表します。

時間の長さを表す言葉

時間の長さを表す言葉について、まとめて少し見てみましょう。

□ **year**	[jíər]	名 1年；年		□ **month**	[mʌ́nθ]	名 （暦の）月；ひと月
□ **week**	[wíːk]	名 週；1週間		□ **day**	[déi]	名 1日；日中
□ **hour**	[áuər]	名 1時間；時刻		□ **minute**	[mínit]	名 分；ちょっとの間
□ **second**	[sékənd]	名 秒；瞬間				

STEP 2　ドリルにチャレンジ！

3人称単数の名詞が主語の、haveとgoを使った英文を書きましょう。

❶ ケイト（Kate）は長い髪を持っています。[長い：long ／髪：hair]

⇨ Kate has long hair.

❷ 日本（Japan）は4つの季節を持っています。[4つの：four ／季節：season]

⇨ Japan has four seasons.

❸ その女優（the actress）は2匹の犬を飼っています。[2匹の犬：two dogs]

⇨ _____

❹ 1時間（one hour）は60分です。[60分：60 minutes]

⇨ _____

❺ そのオフィス（the office）は3つの部屋を持っています。[3つの部屋：three rooms]

⇨ _____

❻ マイク（Mike）は毎日学校へ行きます。[毎日：every day ／学校：school]

⇨ Mike goes to school every day.

❼ ルーシー（Lucy）は夕方、教会へ行きます。[夕方に：in the evening ／教会：church]

⇨ Lucy goes to church in the evening.

❽ 私の家族（my family）は毎週その店へ行きます。[毎週：every week ／店：store]

⇨ _____

❾ ブラッド（Brad）は午後、その図書館へ行きます。[午後に：in the afternoon ／図書館：library]

⇨ _____

❿ その労働者（the worker）は毎朝そのオフィスへ行きます。[毎朝：every morning]

⇨ _____

ボキャブラメモ　long 長い／hair 髪／Japan 日本／four 4つの／season 季節／actress 女優／two 2つの／dog イヌ／one 1つの／hour 時間／minute 分／office オフィス／three 3つの／room 部屋／go to ～へ行く／school 学校／every 毎／day 日／church 教会／evening 夕方／family 家族／store 店／week 週／library 図書館／afternoon 午後／worker 労働者／morning 朝

STEP 3 練習問題にチャレンジ！

A 日本語に合うように（　）の中から正しいものを選んで丸で囲みましょう。

① 彼は地図を持っています。He (have / has) a map.
② ロブは大きな車を持っています。Rob (has / haves) a big car.
③ 彼女は5人の子どもを持っています。She (haves / has) five children.
④ ケイトは毎朝、図書館へ行きます。Kate (goes / gos) to the library every morning.

B 指示に従って書きかえましょう。

① You have two dogs.（youをheにして）

------

② I go to the office every morning.（Iをsheにして）

------

③ They have three Japanese dictionaries.（theyをDavidにして）

------

④ Rob and Nancy go to church every Sunday.（and Nancyを省いて）

C 下線部を適切な形にして、（　）の中の語句を、日本語に合うように並べかえましょう。

① トムは毎朝その店へ行きます。
(Tom / go / the / to / store) every morning.

------

② 彼女には3人の子どもがいます。(have / children / she / three).

③ 1時間は60分です。(minutes / one / sixty / have / hour).

D 日本語を英語にしてみましょう。時を表す言葉は文末に置きましょう。

① ジェーン(Jane)は長い髪を持っています。

② 彼女は毎日学校へ行きます。

③ 日本は4つの季節を持っています。

④ そのオフィスは5つの部屋を持っています。

ボキャブラ最終チェック　このレッスンで出てきた語のスペルと音を確認しよう。

□long	[lɔ́ːŋ]	形 長い		□hair	[héər]	名 髪
□Japan	[dʒəpǽn]	名 日本		□four	[fɔ́ːr]	形 4つの
□season	[síːzn]	名 季節		□actress	[ǽktris]	名 女優
□two	[túː]	形 2つの		□dog	[dɔ́ːg]	名 イヌ
□one	[wʌ́n]	形 1つの		□hour	[áuər]	名 時間
□minute	[mínit]	名 分		□office	[ɔ́ːfis]	名 オフィス
□three	[θríː]	形 3つの		□room	[rúːm]	名 部屋
□go to		～へ行く		□school	[skúːl]	名 学校
□every	[évri]	名 毎		□day	[déi]	名 日
□church	[tʃə́ːrtʃ]	名 教会		□evening	[íːvniŋ]	名 夕方
□family	[fǽməli]	名 家族		□store	[stɔ́ːr]	名 店
□week	[wíːk]	名 週		□library	[láibrèri]	名 図書館
□afternoon	[ǽftərnùːn]	名 午後		□worker	[wə́ːrkər]	名 労働者
□morning	[mɔ́ːrniŋ]	名 朝		□map	[mǽp]	名 地図
□five	[fáiv]	形 5つの		□children	[tʃíldrən]	名 child(子ども)の複数形
□Japanese	[dʒæpəníːz]	名 日本語		□dictionary	[díkʃənèri]	名 辞書

★ドリルと練習問題の答えは別冊P11へ！

レッスン25 >>> 一般動詞⑫ 三単現の否定文

Mary does not love Jim.
（メアリーはジムを愛して**いません**）

He doesn't have any pets.
（彼はペットを飼って**いません**）

STEP 1　文法ルールをチェック！

3人称単数の名詞が主語の<u>否定文</u>は、主語と一般動詞の間に**does not**を入れ、動詞はsのないもとの形＝<u>原形</u>にします。does notは**doesn't**と短縮できます。

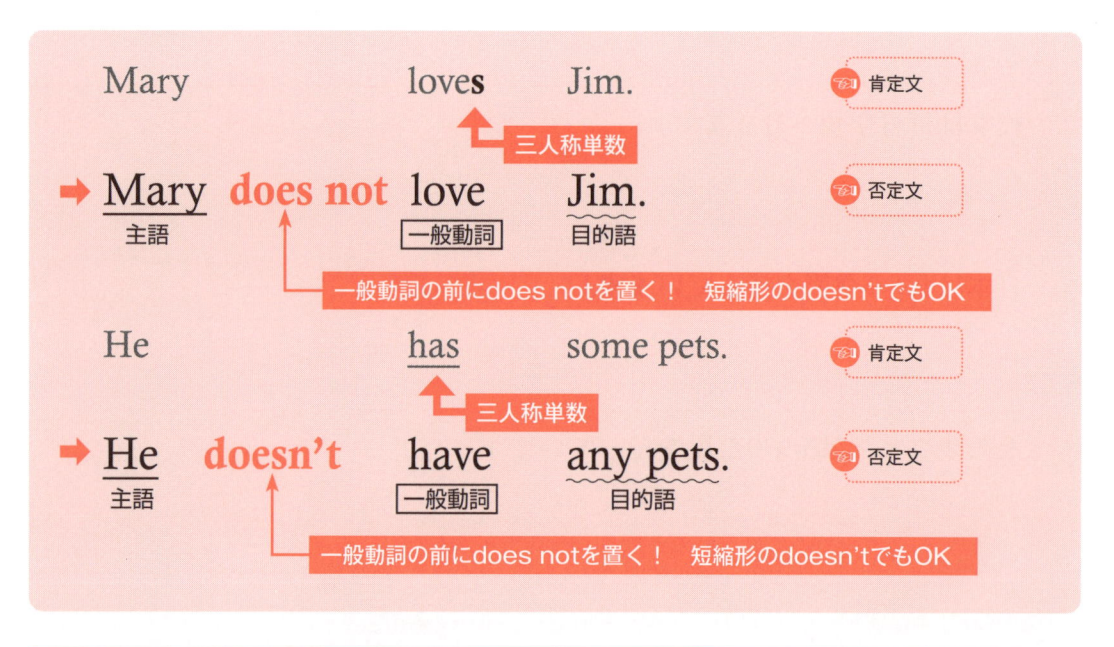

Mary　　　love**s**　　Jim.　　　　　　　　　肯定文
　　　　　　　↑
　　　　　　三人称単数

→ Mary　does not　love　Jim.　　　　　　　　否定文
　主語　　　　　　一般動詞　目的語
　　　　　　↑
　　一般動詞の前にdoes notを置く！　短縮形のdoesn'tでもOK

He　　　　has　　some pets.　　　　　　　　肯定文
　　　　　　↑
　　　　　三人称単数

→ He　doesn't　have　any pets.　　　　　　　否定文
　主語　　　　　一般動詞　目的語
　　　　　↑
　　一般動詞の前にdoes notを置く！　短縮形のdoesn'tでもOK

✏ これも覚えよう！　重要な動詞

takeという動詞は「（何かを）持っていく」という意味がありますが、それ以外にもさまざまな場面で使える大切な基本動詞です。下の7つの熟語は、実際の会話でもよく使うものです。丸ごとおぼえてしまいましょう。

□**take a walk**　散歩する　　　　　□**take a bath**　風呂に入る
□**take a shower**　シャワーをあびる　□**take a train**　電車に乗る
□**take a picture**　写真を撮る

stayという動詞は「宿泊する」という意味があります。これも、前置詞と一緒に使うことが多いです。

□**stay in [at]** ～　（場所）に泊まる　　□**stay with** ～　（の家）に泊まる

STEP 2　ドリルにチャレンジ！

「〇〇は〜しません」という文を作りましょう。❻〜❿は、短縮形を使ってみましょう。

❶　トム(Tom)はテレビを見ません。[テレビ：TV／見る：watch]

⇨ Tom does not watch TV.

❷　彼はパンケーキが好きではありません。[パンケーキ：pancakes／好きである：like]

⇨ He does not like pancakes.

❸　彼はペットを何も飼っていません。[ペットを何も：any pets／飼う：have]

⇨

❹　彼女はピアノを演奏しません。[ピアノ：the piano／演奏する：play]

⇨

❺　ジェイク(Jake)は彼の部屋を掃除しません。[彼の部屋：his room／掃除する：clean]

⇨

❻　彼女はペーパーバックを読みません。[ペーパーバック：paperbacks／読む：read]

⇨ She doesn't read paperbacks.

❼　私の姉(my sister)はその図書館へ行きません。[図書館：the library／〜へ行く：go to]

⇨ My sister doesn't go to the library.

❽　その女性(the woman)はこの都市に住んでいません。[この都市：this city／〜に住む：live in]

⇨

❾　その旅行者(the tourist)はロンドンに滞在していません。[ロンドン：London／〜に滞在する：stay in]

⇨

❿　私の父(my father)は朝シャワーを浴びません。[朝に：in the morning／シャワーを浴びる：take a shower]

⇨

ボキャブラメモ　watch　見る／TV　テレビ／like　好きである／pancake　パンケーキ／have　飼う／any　1つも／pet　ペット／play　（スポーツを）する；（楽器を）演奏する／piano　ピアノ／clean　掃除する／room　部屋／read　読む／paperback　ペーパーバック／sister　姉[妹]／go to　〜へ行く／library　図書館／woman　女性／live in　〜に住む／city　都市／tourist　旅行者／stay in　〜に滞在する／London　ロンドン／father　父親／take a shower　シャワーを浴びる／morning　朝

STEP 3　練習問題にチャレンジ！

A　（　）の中から正しいものを選んで丸で囲みましょう。

① Kate (don't play / doesn't play) the piano.
② She (doesn't watch / don't watch) TV.
③ He (is not has / does not have) any pets.
④ The woman (does not clean / do not clean) her room.

B　次の文を否定文にしましょう。

① He knows Bob.

------

② My son goes to school on Sundays.

------

③ She reads paperbacks.

------

④ Mike lives in London.

C　（　）の中の語句を、日本語に合うように並べかえましょう。

① 彼は昼食を食べません。(does / eat / lunch / he / not).

------

② 彼女は英語を話しません。(speak / doesn't / she / English).

------

③ ケイトは数学を勉強しません。(study / does / Kate / math / not).

④ トムはこの都市に住んでいません。
(live / doesn't / in / Tom / city / this).

D 日本語を英語にしてみましょう。

① ジム(Jim)はパンケーキが好きではありません。

② 彼女はピアノを演奏しません。

③ 私の姉は朝シャワーを浴びません。

④ その旅行者は東京(Tokyo)に滞在していません。

ボキャブラ最終チェック　このレッスンで出てきた語のスペルと音を確認しよう。

□watch	[wátʃ]	動	見る	□TV	[tíːvíː]	名	テレビ
□like	[láik]	動	好きである	□pancake	[pǽnkèik]	名	パンケーキ
□have	[həv]	動	飼う	□any	[əni]	形	1つも
□pet	[pét]	名	ペット	□play	[pléi]	動	(スポーツを)する ; (楽器を)演奏する
□piano	[piǽnou]	名	ピアノ				
□clean	[klíːn]	動	掃除する	□room	[rúːm]	名	部屋
□read	[ríːd]	動	読む	□paperback	[péipərbæk]	名	ペーパーバック
□sister	[sístər]	名	姉[妹]	□go to			～へ行く
□library	[láibrèri]	名	図書館	□woman	[wúmən]	名	女性
□live in			～に住む	□city	[síti]	名	都市
□tourist	[túərist]	名	旅行者	□stay in			～に滞在する
□London	[lʌ́ndən]	名	ロンドン	□father	[fáːðər]	名	父親
□take a shower			シャワーを浴びる	□morning	[mɔ́ːrniŋ]	名	朝
				□watch	[wátʃ]	動	見る
□know	[nóu]	動	知っている	□on Sundays			毎週日曜日に

★ドリルと練習問題の答えは別冊P11へ！

レッスン 26 >>> 一般動詞⑬ 三単現の疑問文

Does Kate watch TV?
（ケイトはテレビを見ます**か**）
Does Jane write a letter every Sunday?
（ジェーンは毎週日曜に手紙を書きます**か**）

STEP 1　文法ルールをチェック！

　3人称単数が主語の疑問文は、**does**を文頭に置き、文の最後に「**?**」をつけて作ります。そして否定文のときと同じように、動詞は元の形（原形）に戻します。

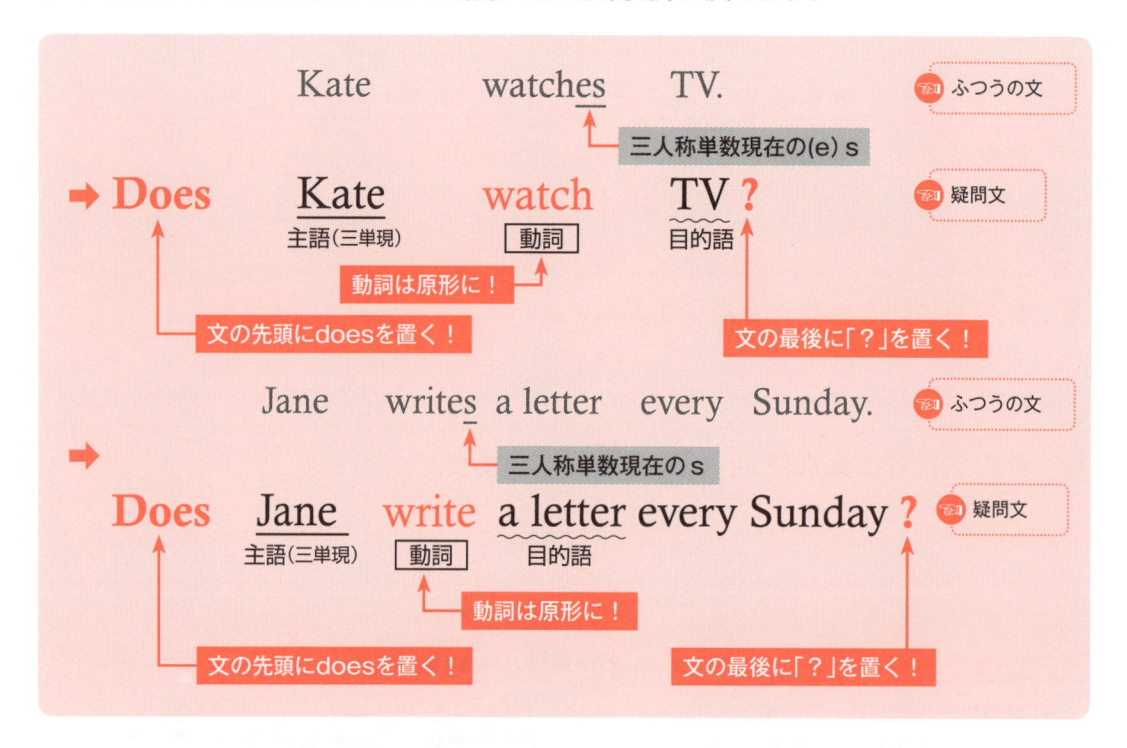

```
         Kate      watches    TV.                    ← ふつうの文
                     ─┘
                     三人称単数現在の(e)s

→  Does   Kate      watch      TV ?                  ← 疑問文
          主語(三単現) 動詞      目的語
                    動詞は原形に！
    文の先頭にdoesを置く！          文の最後に「？」を置く！


         Jane     writes   a letter  every  Sunday.  ← ふつうの文
                    ─┘
                    三人称単数現在のs

→  Does  Jane     write   a letter every Sunday ?    ← 疑問文
         主語(三単現) 動詞    目的語
                   動詞は原形に！
    文の先頭にdoesを置く！         文の最後に「？」を置く！
```

✎ これも覚えよう！　an がつきそうでつかない要注意名詞

　uniform（制服）やunicycle（一輪車）という単語は、uという母音字で始まっています。ですが、これにつく冠詞はanではなくaです。なぜかというと、冠詞のaを使うかanを使うかは、文字ではなく、発音で決定するからです。
　uniformやunicycleは、最初の文字はuですが、その発音は[u]ではなく[juː]です。そして[j]は母音ではなく子音ですから、冠詞はanではなくaを使うのです。なお、レッスン16でふれた冠詞のtheは、後にくる名詞の最初の音が母音でも子音でも使うことができます。

✎ 目的格 me

　レッスン13でも学びましたが、meは「私に［を］」という意味で、人称代名詞I（私は）が変化したものです。Iが主格であるのに対し、meは目的格です。目的格は文の中で、目的語の役割を果たします。

STEP 2　ドリルにチャレンジ！

「〇〇は〜しますか」という文を作りましょう。

1　サリー（Sally）は指輪を持っていますか。[指輪：a ring　持っている：have]

⇨ Does Sally have a ring?

2　彼女はそのネックレスが好きですか。[ネックレス：the necklace／好きである：like]

⇨ Does she like the necklace?

3　彼女は一輪車を持っていますか。[一輪車：a unicycle]

⇨ Does she have a unicycle?

4　デイビッド（David）は制服を着ていますか。[制服：a uniform／着る：wear]

⇨

5　ロブ（Rob）はそのウェイトレスを知っていますか。[ウェイトレス：the waitress／知っている：know]

⇨

6　あなたの祖父（your grandfather）は私を知っていますか。[私を：me]

⇨

7　その少女（girl）は上手にフルートを演奏しますか。[上手に：well／フルート：the flute／演奏する：play]

⇨ Does the girl play the flute well?

8　彼は毎日彼の友だちに会いますか。[毎日：every day／彼の友だち：his friend／会う：meet]

⇨ Does he meet his friend every day?

9　ジェーン（Jane）は毎週日曜に手紙を書きますか。[毎週日曜：every Sunday／手紙：a letter／書く：write]

⇨

10　あなたの息子（your son）は毎週末、川で泳ぎますか。[毎週末：every weekend／川で泳ぐ：swim in the river]

⇨

ボキャブラメモ　have 持っている／ring 指輪／unicycle 一輪車／like 好む／necklace ネックレス／wear 身に付ける／uniform 制服／know 知っている／waitress ウェイトレス／grandfather 祖父／me 私を／girl 少女／play （スポーツを）する；（楽器を）演奏する／flute フルート／well 上手に／meet 会う／friend 友だち／every 毎／day 日／write 書く／letter 手紙／Sunday 日曜日／son 息子／swim 泳ぐ／river 川／weekend 週末

STEP 3 練習問題にチャレンジ！

A 日本語に合うように（　）の中から正しいものを選んで丸で囲みましょう。

① (Does Kate like / Are you like) chicken?

② (Does have he / Does he have) a unicycle?

③ (Does David know / Know David) the waitress?

④ (Does the girl / Is the girl) play the flute?

B 次の文を疑問文にしましょう。

① She has a ring.

② He wears a uniform.

③ Your grandfather knows David.

④ Mike meets his friend every day.

C （　）の中の語句を、日本語に合うように並べかえましょう。

① 彼女は数学を勉強しますか。(study / math / she / does)?

② マイクはテレビを見ますか。(does / watch / Mike / TV)?

122

③ ナンシーはボブを知っていますか。(know / Nancy / Bob / does)?

④ ユカは一輪車を持っていますか。(does / Yuka / unicycle / have / a)?

D 日本語を英語にしてみましょう。

① 彼は毎週日曜に手紙を書きますか。

② そのウェイトレスは制服を着ていますか。

③ あなたの息子は上手にフルートを演奏しますか。

④ ロブ(Rob)は毎週末、川で泳ぎますか。

ボキャブラ最終チェック このレッスンで出てきた語のスペルと音を確認しよう。

□have	[həv]	動	持っている	□ring	[ríŋ]	名	指輪
□unicycle	[júːnisàikl]	名	一輪車	□like	[láik]	動	好む
□necklace	[néklis]	名	ネックレス	□wear	[wéər]	動	身に付ける
□uniform	[júːnəfɔ̀ːrm]	名	制服	□know	[nóu]	動	知っている
□waitress	[wéitris]	名	ウェイトレス	□grandfather	[grǽndfàːðər]	名	祖父
□me	[mi]	代	私を	□girl	[gə́ːrl]	名	少女
□play	[pléi]	動	(スポーツを)する；(楽器を)演奏する	□flute	[flúːt]	名	フルート
				□well	[wél]	副	上手に
□meet	[míːt]	動	会う	□friend	[frénd]	名	友だち
□every	[évri]	形	毎	□day	[déi]	名	日
□write	[ráit]	動	書く	□letter	[létər]	名	手紙
□Sunday	[sʌ́ndei]	名	日曜日	□son	[sʌ́n]	名	息子
□swim	[swím]	動	泳ぐ	□river	[rívər]	名	川
□weekend	[wíːkènd]	名	週末	□chicken	[tʃíkən]	名	チキン
□study	[stʌ́di]	動	勉強する	□math	[mǽθ]	名	数学
□watch	[wátʃ]	動	見る	□TV	[tíːvíː]	名	テレビ

★ドリルと練習問題の答えは別冊P12へ！

レッスン 27 >>> 一般動詞⑭ 三単現の疑問文への答え方

Does Robert drive?
(ロバートは運転しますか)
⇨ **Yes, he does.**
(はい、彼はします)
⇨ **No, he does not [doesn't].**
(いいえ、彼はしません)

STEP 1 文法ルールをチェック！

3人称単数の名詞が主語になる、一般動詞の疑問文に対する答え方を学習しましょう。「はい、[主語]は〜します」と言うときは、〈Yes, 主語 + does.〉です。「いいえ、[主語]は〜しません」と言うときは、〈No, 主語 + does not.〉もしくは、〈No, 主語 + doesn't.〉です。
Does Aki drive?（アキは車を運転しますか）のAkiのように、人名が主語のときは一般的に、男性ならhe、女性ならsheで答えます。また、that mouse（あのネズミ）やhis car（彼の車）やJapan（日本）などといった動物やものなどが主語の場合は、itを使います。

Does **Robert** drive?   三単現の疑問文
主語（三単現・男性）

➡ **Yes**, he does.   「はい」と答える
➡ **No**, he does not.   「いいえ」と答える
➡ **No**, he doesn't.   「いいえ」と答える（短縮形）

疑問文の主語が男性ならhe、女性ならshe、動物やものならitを使う！

✏ これも覚えよう！ 家族を表す単語

☐ family	[fǽməli]	家族	☐ parent	[péərənt]	親
☐ father	[fáːðər]	父	☐ dad	[dǽd]	パパ
☐ mother	[mʌ́ðər]	母	☐ mam	[máːmə]	ママ
☐ son	[sʌ́n]	息子	☐ daughter	[dɔ́ːtər]	娘
☐ brother	[brʌ́ðər]	兄；弟	☐ sister	[sístər]	姉；妹
☐ grandfather	[grǽndfàːðər]	祖父	☐ grandpa	[grǽndpa]	おじいちゃん
☐ grandmother	[grǽndmʌ̀ðər]	祖母	☐ grandma	[grǽndma]	おばあちゃん
☐ grandparent	[grǽndpèərənt]	祖父；祖母	☐ cousin	[kʌ́zn]	いとこ
☐ uncle	[ʌ́ŋkl]	おじ	☐ aunt	[ǽnt]	おば
☐ nephew	[néfjuː]	おい	☐ niece	[níːs]	めい
☐ husband	[hʌ́zbənd]	夫	☐ wife	[wáif]	妻

STEP 2　ドリルにチャレンジ！

「○○は〜しますか」という文と答えを書いてみましょう。答えるとき、❻❽❿は短縮形を使いましょう。

❶　ロバート（Robert）は運転しますか。はい。［運転する：drive］

⇨ Does Robert drive? Yes, he does.

❷　あなたの息子（your son）はパリに住んでいますか。いいえ。［パリ：Paris／〜に住んでいる：live in］

⇨ Does your son live in Paris? No, he does not.

❸　あなたのおば（your aunt）は英語を勉強しますか。はい。［英語：English／勉強するstudy］

⇨ _____

❹　その少年（the boy）は新しいおもちゃを持っていますか。いいえ。［新しいおもちゃ：a new toy／持っている：have］

⇨ _____

❺　あなたのおじ（your uncle）はその映画が大好きですか。はい。［その映画：the movie／大好きである：love］

⇨ _____

❻　そのロボット（the robot）はとても上手に歩きますか。いいえ。［とても上手に：very well／歩く：walk］

⇨ Does the robot walk very well? No, it doesn't.

❼　トム（Tom）は毎日学校へ行きますか。はい。［毎日：every day／学校：school／〜へ行く：go to］

⇨ Does Tom go to school every day? Yes, he does.

❽　彼女の娘（her daughter）は夕食を作りますか。いいえ。［夕食：dinner／(料理を)作る：cook］

⇨ _____

❾　あなたのオフィス（your office）には部屋が5つありますか。はい。［ある：have／5つの部屋：five rooms］

⇨ _____

❿　デイビッド（David）は毎日ビールを飲みますか。いいえ。［毎日：every day／ビール：beer／飲む：drink］

⇨ _____

ボキャブラメモ　drive　運転する／son　息子／live in　〜に住む／Paris　パリ／aunt　おば／study　勉強する／English　英語／boy　少年／have　持っている；ある／new　新しい／toy　おもちゃ／uncle　おじ／love　大好きである／movie　映画／robot　ロボット／walk　歩く／very　とても／well　上手に／go to　〜に行く／school　学校／every　毎／day　日／daughter　娘／cook　料理する／dinner　夕食／office　オフィス／five　5つの／room　部屋／drink　飲む／beer　ビール

STEP 3　練習問題にチャレンジ！

A　次の英文に、（　）内の語を用いて答えましょう。

① Does she like Paris?（Yes）　➡　

② Does he drive?（No）　➡　

③ Does your uncle study English?（Yes）➡　

B　次の文を疑問文にして、（　）内の語を使って答えましょう。

① He studies English.（Yes）

② Jane loves the movie.（No）

③ Mike drinks beer every day.（Yes）

④ David cooks dinner.（No）

C　以下の英単語を並べ変えましょう。

① 彼女はビールを飲みますか。はい。(beer / drink / does / she)? (yes / , / does / she).

② このロボットは歩きますか。いいえ。(robot / walk / this / does)? (no / it / , / doesn't).

③ ジムは毎日学校へ行きますか。はい。(go / Jim / every / does / school / to / day)? (does / , / yes / he).

④ その少年はあなたを好きですか。いいえ。(like / you / boy / does / the)? (he / doesn't / , / no).

D 日本語を英語にしてみましょう。

① あなたの娘は日本(Japan)に住んでいますか。はい。

② あなたのおばはその映画が大好きですか。いいえ。

③ そのロボットは上手に歩きますか。はい。

④ あなたのおじさんは夕食を作りますか。いいえ。

ボキャブラ最終チェック　このレッスンで出てきた語のスペルと音を確認しよう。

□drive	[dráiv]	動	運転する	□son	[sán]	名 息子
□live in			～に住む	□Paris	[pæris]	名 パリ
□aunt	[ǽnt]	名	おば	□study	[stʌ́di]	動 勉強する
□English	[íŋgliʃ]	名	英語	□boy	[bɔ́i]	名 少年
□have	[həv]	動	持っている；ある	□new	[njúː]	形 新しい
□toy	[tɔ́i]	名	おもちゃ	□uncle	[ʌ́ŋkl]	名 おじ
□love	[lʌ́v]	動	大好きである	□movie	[múːvi]	名 映画
□robot	[róubət]	名	ロボット	□walk	[wɔ́ːk]	動 歩く
□very	[véri]	副	とても	□well	[wél]	副 上手に
□go to			～へ行く	□school	[skúːl]	名 学校
□every	[évri]	形	毎	□day	[déi]	名 日
□daughter	[dɔ́ːtər]	名	娘	□cook	[kúk]	動 料理する
□dinner	[dínər]	名	夕食	□office	[ɔ́ːfis]	名 オフィス
□five	[fáiv]	形	5つの	□room	[rúːm]	名 部屋
□drink	[dríŋk]	動	飲む	□beer	[bíər]	名 ビール

★ドリルと練習問題の答えは別冊P12へ！

チャレンジ！　復習テスト②

A （　）の中から正しいものを選んで丸で囲みましょう。

① I love (he / him).

② (Her / She) hair is long.

③ (You / Your) bag is very large.

④ Mike and Tom know (we / us) very well.

⑤ They are (me / my) books.

B 以下の動詞の意味と、主語が三人称単数形になった場合の動詞の形を書きましょう。

① carry （　　　　　　　）　② wash （　　　　　　　）
③ read （　　　　　　　）　④ play （　　　　　　　）
⑤ stay （　　　　　　　）　⑥ like （　　　　　　　）
⑦ know （　　　　　　　）　⑧ have （　　　　　　　）

C 指示にしたがって、全文を書きかえましょう

① Mary makes biscuits.（否定文に）

② She takes a shower every morning.（疑問文にして、Yesで答える）

③ We cook dinner every night.（WeをMy motherに変えて）

④ They study English.（疑問文にして、Noで答える）

D （　）の中の語句を、日本語に合うように並べかえましょう。

① サリーは車を持っていますか。(does / Sally / car / have / a)?

② その男性はこの町に住んでいません。(live / man / the / doesn't / in this town).

③ 私は、ふだん歩いて学校へ行きます。(usually / school / walk / I / to).

E 文の中の間違っているところを丸で囲み、正しい文に書きかえましょう。

① The student play tennis.　※「その生徒はテニスをする」という意味になるように

② Does you remember me?　※「あなたは私を覚えていますか」という意味になるように

③ She often take a walk.　※「彼女はしばしば散歩する」という意味になるように

④ My father plays guitar every day.

⑤ Do Mary and Kate speak English? No, she doesn't.

★ドリルと練習問題の答えは別冊P13へ！

レッスン 28 >>> 現在進行形① 肯定文

I play the bass.
（私はベースを演奏します）

I am playing the bass now.
（私は今ベースを**演奏しています**）

STEP 1　文法ルールをチェック！

「（今）〜しているところです」という、今まさに何かをしているという状態を表すには、**be**動詞の現在形の後に、一般動詞に**ing**をつけたものを置きます。このような表現を、現在進行形と呼びます。**now**（今）などのような、時を表す単語と一緒に用いられることが多いです。ここでは基本動詞のplay（〈スポーツなどを〉する；〈楽器を〉演奏する）を使って、その感覚を身につけていきましょう。

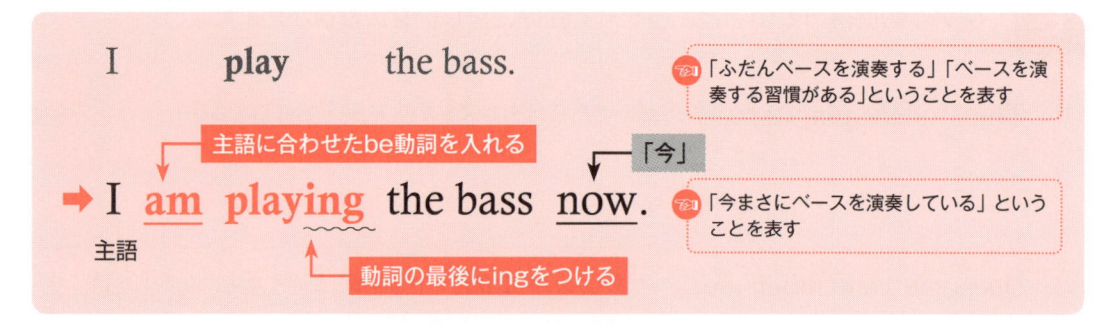

```
    I    play    the bass.
```
→「ふだんベースを演奏する」「ベースを演奏する習慣がある」ということを表す

```
         主語に合わせたbe動詞を入れる        「今」
→   I   am   playing   the bass   now.
   主語
              動詞の最後にingをつける
```
→「今まさにベースを演奏している」ということを表す

このように、現在進行形は〈be動詞 + 一般動詞のing形〉で表しますが、もちろんここでもbe動詞は主語によって使い分けます。

主　語	be動詞		意　味
I	am	一般動詞 + ing 〜	［主語］は今、［動詞］しているところだ
you	are		
3人称単数	is		
複数	are		

　これまで、レッスン14〜27などで学習した、I play soccer.（私はサッカーをします）のような文は、現在形といいます。これは、「今まさにサッカーをしている」ということではなく、「サッカーをする習慣がある」「普段サッカーをする」ということを表しています。つまり現在形とは、「今現在のこの瞬間」ということではないのです。一方、現在進行形は、今真っ最中の動作のみを伝える表現ですので、まったく異なります。

STEP 2　ドリルにチャレンジ！

現在形の文を、文末にnowを加えて「今～しています」という現在進行形の文に書き換えましょう！

❶ I play the bass.（私はベースを演奏します）

⇨ I am playing the bass now.

❷ I play the violin.（私はバイオリンを演奏します）

⇨ _____

❸ Ann plays the organ.（アンはオルガンを演奏します）

⇨ Ann is playing the organ now.

❹ She plays the flute.（彼女はフルートを演奏します）

⇨ _____

❺ Ted plays the drum.（テッドはたいこを演奏します）

⇨ _____

❻ He plays the guitar.（彼はギターを演奏します）

⇨ _____

❼ We play baseball.（私たちは野球をします）

⇨ We are playing baseball now.

❽ Tom and I play soccer.（トムと私はサッカーをします）

⇨ _____

❾ Jim and Lucy play tennis.（ジムとルーシーはテニスをします）

⇨ _____

❿ They play football in the yard.（彼らは庭でフットボールをします）

⇨ They are playing football in the yard now.

ボキャブラメモ　bass　ベース／now　今／violin　バイオリン／organ　オルガン／flute　フルート／drum　たいこ／guitar　ギター／baseball　野球／soccer　サッカー／tennis　テニス／football　フットボール／yard　庭

STEP 3　練習問題にチャレンジ！

A　（　）の中から正しいものを選んで丸で囲みましょう。

① He (is playing / playing) the guitar now.

② She (is play / is playing) tennis.

③ My sister (is playing / is plays) the violin.

B　nowを文末に置いて、現在進行形の文に書きかえましょう。

① You play the guitar.

------

② I play the violin.

------

③ They play tennis.

------

④ Mike and Ken play baseball.

------

⑤ You play the flute.

C　（　）の中の語句を、日本語に合うように並べかえましょう。

① 私の兄は今野球をしているところです。(playing / baseball / my / is / brother) now.

------

② 彼は今ギターを演奏しています。(guitar / the / he / playing / is) now.

___

③ ケイトは今バレーボールをしています。(is / volleyball / Kate / playing) now.

___

④ 彼らは今卓球をしています。(they / table tennis / are / playing) now.

___

D 日本語を英語にしてみましょう。

① 私の姉たちは今テニスをしているところです。

___

② 彼は今野球をしているところです。

___

③ 彼女は今たいこを演奏しているところです。

___

④ ベッキー (Becky) は今バイオリンを演奏しています。

___

ボキャブラ最終チェック　このレッスンで出てきた語のスペルと音を確認しよう。

☐ bass	[béis]	名	ベース	☐ now	[náu]	副	今
☐ violin	[vàiəlín]	名	バイオリン	☐ organ	[ɔ́ːrgən]	名	オルガン
☐ flute	[flúːt]	名	フルート	☐ drum	[drʌ́m]	名	たいこ
☐ guitar	[gitáːr]	名	ギター	☐ baseball	[béisbɔ̀ːl]	名	野球
☐ soccer	[sákər]	名	サッカー	☐ tennis	[ténis]	名	テニス
☐ football	[fútbɔ̀ːl]	名	フットボール	☐ yard	[jáːrd]	名	庭
☐ brother	[brʌ́ðər]	名	兄[弟]	☐ sister	[sístər]	名	姉[妹]

★ドリルと練習問題の答えは別冊P13へ！

レッスン 29 >>> 現在進行形 ②　ing をつけるだけの動詞

Tom is watching TV now.
（トムは**今**テレビを見て**います**）
They are speaking French now.
（彼らは**今**フランス語を話して**います**）

STEP 1　文法ルールをチェック！

〈**be動詞の現在形 + 一般動詞のing形**〉で、「（今）〜しているところです」という<u>現在進行形</u>の文を作れます。<u>さまざまな動詞</u>を使って現在進行形の表現を学習してみましょう。ここでは、動詞の最後に**ing**を<u>つけるだけ</u>で、進行形の形になれる動詞ばかりを集めてあります。文を作る際、主語に合わせてbe動詞を変化させるのを忘れずに！

Tom　　　　watches　　TV.　　　　　　　　　現在形
　　　　　　　　↑
　　　　主語が三単現なのでesをつけてwatchesにする！

→ Tom　is　watching　TV　now.　　　　　　　現在進行形
　主語　be動詞　動詞のing形　目的語
　　　　　　↑
　　主語に合わせたbe動詞にするのを忘れずに！

They　　　speak　　　French.　　　　　　　　現在形

→ They　are　speaking　French　now.　　　　　現在進行形
　主語　be動詞　動詞のing形　目的語
　　　　　　↑
　　主語に合わせたbe動詞にするのを忘れずに！

🖉 これも覚えよう！　前置詞

waitは「待つ」という意味の動詞ですが、「〜を待つ」と言いたい場合は、前置詞のforをつけて、<u>wait for 〜</u>という形にします。また、lookは「（注意して）見る」という意味ですが、「〜を見る」と言いたい場合は、前置詞の<u>at</u>をつけて、<u>look at 〜</u>という形にします。lookはほかにも、いろいろな前置詞をつけて使われます。

□look after	〜の世話をする	□look around	〜を見回す
□look back	振り返る	□look for	〜を探す
□look forward to	〜を楽しみにしている	□look into	〜を調べる
□look out	外を見る	□look up	見上げる

前置詞inは「<u>（〜の）中で</u>」という意味で、<u>場所</u>を表します。前置詞は後ろの名詞と一緒になって、<u>意味のカタマリ</u>を作れます。in the gardenは「庭の中で」という意味です。前置詞は英文の中によく出てきます。少しずつ覚えましょう。

STEP 2 ドリルにチャレンジ！

現在形の文を、文末にnowを加えて「今〜しています」という現在進行形の文に書きかえましょう。

1 She cooks lunch.（彼女は昼食を作ります）

⇨ She is cooking lunch now.

2 Bob waits for Mary.（ボブはメアリーを待ちます）

⇨ Bob is waiting for Mary now.

3 I study English.（私は英語を勉強します）

⇨

4 You wash the dishes.（あなたは皿を洗います）

⇨

5 They speak French.（彼らはフランス語を話します）

⇨

6 Kate and I eat dinner.（ケイトと私は夕食を食べます）

⇨

7 We watch a TV drama.（私たちはテレビドラマを見ます）

⇨

8 The actors speak Korean.（その俳優たちは韓国語を話します）

⇨

9 Ms. Smith looks at the blackboard.（スミス先生は黒板を見ます）

⇨

10 Ken and Aki walk in the garden.（ケンとアキは庭を歩きます）

⇨

📝 **ボキャブラメモ**　cook （料理を）作る／lunch 昼食／now 今／wait for 〜を待つ／study 勉強する／English 英語／wash 洗う／dish 皿／speak 話す／French フランス語／eat 食べる／dinner 夕食／watch 見る／TV drama テレビドラマ／actor 俳優／Korean 韓国語／Ms. 〜さん[先生]／look at 〜を見る／blackboard 黒板／walk 歩く／garden 庭

STEP 3　練習問題にチャレンジ！

A　(　)の中から正しいものを選んで丸で囲みましょう。

① He (is studying / studying) French now.

② She (is cook / is cooking) dinner now.

③ My brother (is speaks / is speaking) Korean now.

B　nowを文末において現在進行形の文に書きかえましょう。

① You speak English.

----

② I wait for him.

----

③ They cook lunch.

----

④ Mike and Ken watch the movie.

C　(　)の中の語句を、日本語に合うように並べかえましょう。

① 彼は今夕食を食べています。(dinner / he / eating / is) now.

----

② ケイトは今ワインを飲んでいます。(is / Kate / drinking / wine) now.

----

③ 彼女は今皿を洗っています。(she / dishes / is / washing / the) now.

④ マイクは今英語を話しています。(Mike / speaking / English / is) now.

D 日本語を英語にしてみましょう。

① スミス先生(Mr. Smith)は今黒板を見ています。

② 彼女は今数学(math)を勉強しています。

③ 私たちは今ジェイク(Jake)を待っています。

④ 彼らは今昼食を作っています。

ボキャブラ最終チェック
このレッスンで出てきた語のスペルと音を確認しよう。

□cook	[kúk]	動	(料理)を作る	□lunch	[lʌ́ntʃ]	名 昼食
□now	[náu]	副	今	□wait for		～を待つ
□study	[stʌ́di]	動	勉強する	□English	[íŋgliʃ]	名 英語
□wash	[wáʃ]	動	洗う	□dish	[díʃ]	名 皿
□speak	[spíːk]	動	話す	□French	[fréntʃ]	名 フランス語
□eat	[íːt]	動	食べる	□dinner	[dínər]	名 夕食
□watch	[wátʃ]	動	見る	□TV drama		名 テレビドラマ
□actor	[ǽktər]	名	俳優	□Korean	[kəríːən]	名 韓国語
□Ms.	[míz]	名	～さん[先生]	□look at		～を見る
□blackboard	[blǽkbɔ̀ːrd]	名	黒板	□walk	[wɔ́ːk]	動 歩く
□garden	[gáːrdn]	名	庭	□movie	[múːvi]	名 映画
□wine	[wáin]	名	ワイン	□math	[mǽθ]	名 数学

★ドリルと練習問題の答えは別冊P14へ！

レッスン30

>>> 現在進行形③　eをとるもの・子音を重ねるもの

Tom is dancing now.
（トムは今ダンスをしています）
They are swimming in the river now.
（彼らは今川で泳いでいます）

STEP 1　文法ルールをチェック！

〈**be動詞の現在形 + 一般動詞のing形**〉で、「（今）〜しているところです」という**現在進行形**の文を作れます。**さまざまな動詞**を使って現在進行形の表現を学習しましょう。一般動詞のing形は、現在形の動詞の最後にingをつけるのが基本ですが、じつはいくつか**注意すべきルール**があります。

【ルール①】**e**で終わっている動詞は、**eをとって**ingをつける。
　　　例　write（書く）⇒ writing　　use（使う）⇒ using

【ルール②】**短い母音と子音字**で終わる単語は、**子音字を重ねてから**ingをつける。
　　　例　sit（座る）⇒ sitting　　run（走る）⇒ running

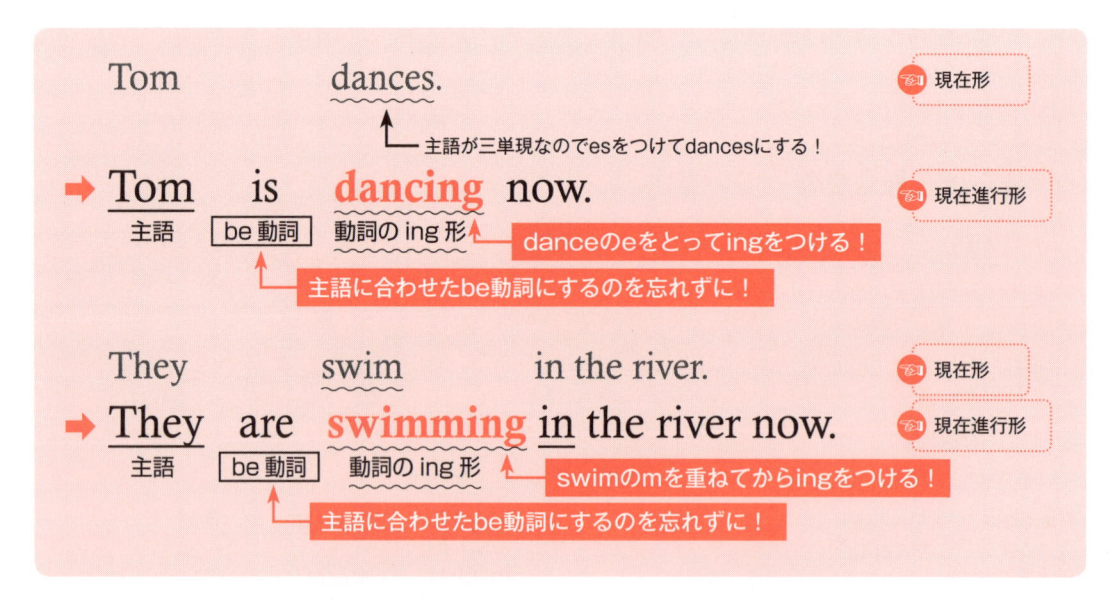

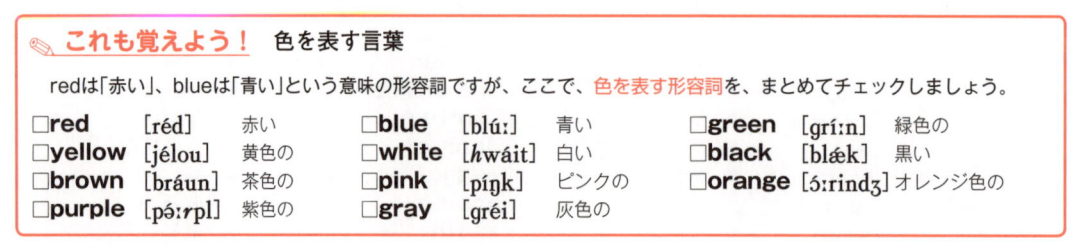

Tom　　　　　dances.　　　　　　　　　　現在形
　　　↑主語が三単現なのでesをつけてdancesにする！

→ Tom　is　dancing　now.　　　　　　　　現在進行形
　主語　be動詞　動詞のing形
　　　　　　　　↑danceのeをとってingをつける！
　　　↑主語に合わせたbe動詞にするのを忘れずに！

They　　　swim　　　　in the river.　　　　現在形

→ They　are　swimming　in the river now.　現在進行形
　主語　be動詞　動詞のing形
　　　　　　　　↑swimのmを重ねてからingをつける！
　　　↑主語に合わせたbe動詞にするのを忘れずに！

✎ これも覚えよう！　色を表す言葉

redは「赤い」、blueは「青い」という意味の形容詞ですが、ここで、**色を表す形容詞**を、まとめてチェックしましょう。

☐ red [réd] 赤い	☐ blue [blúː] 青い	☐ green [gríːn] 緑色の
☐ yellow [jélou] 黄色の	☐ white [hwáit] 白い	☐ black [blǽk] 黒い
☐ brown [bráun] 茶色の	☐ pink [píŋk] ピンクの	☐ orange [ɔ́ːrindʒ] オレンジ色の
☐ purple [pə́ːrpl] 紫色の	☐ gray [gréi] 灰色の	

| 学習日 | 月 日 | 月 日 | 月 日 |

STEP 2　ドリルにチャレンジ！

現在形の文を、文末にnowを加えて「今〜しています」という現在進行形の文に書きかえましょう。

❶ Tom dances.（トムは踊ります）

⇨ *Tom is dancing now.*

❷ I take a walk.（私は散歩します）

⇨ *I am taking a walk now.*

❸ She makes a doll.（彼女は人形を作ります）

⇨ _____

❹ My father skates.（私の父はスケートをします）

⇨ _____

❺ He drives a red car.（彼は赤い車を運転します）

⇨ _____

❻ Mary writes e-mails.（メアリーは電子メールを書きます）

⇨ _____

❼ I make a pumpkin pie.（私はパンプキンパイを作ります）

⇨ _____

❽ The young man uses a computer.（その若い男性はコンピュータを使います）

⇨ _____

❾ They swim in the river.（彼らは川で泳ぎます）

⇨ _____

❿ Mike and Rob run in the park.（マイクとロブは公園で走ります）

⇨ _____

📝 **ボキャブラメモ**　dance 踊る／now 今／take a walk 散歩する／make 作る／doll 人形／father 父親／skate スケートをする／drive 運転する／red 赤い／car 車／write 書く／e-mail 電子メール／pumpkin カボチャ／pie パイ／young 若い／man 男性／use 使う／computer コンピュータ／swim 泳ぐ／river 川／run 走る／park 公園

STEP 3　練習問題にチャレンジ！

A　(　　)の中から正しいものを選んで丸で囲みましょう。

① He (is swimming / swimming) in the river now.

② She (is take / is taking) a walk now.

③ My sister (is dancing / is dances) now.

④ We (making are / are making) lunch now.

B　nowを文末において現在進行形の文に書きかえましょう。

① You take a walk in the park.

------

② They swim in the river.

------

③ She makes a doll.

------

④ Mike uses a computer.

C　(　　)の中の語句を、日本語に合うように並べかえましょう。

① 私の兄は今シャワーを浴びています。
(shower / taking / my / is / brother / a) now.

------

② 彼は今電子メールを書いています。(e-mails / he / writing / is) now.

③ ケイトは今私の車を運転しています。(is / driving / Kate / car / my) now.

④ マイクは今公園を走っています。(Mike / running / is / the / in / park) now.

D 日本語を英語にしてみましょう。

① メアリー (Mary) は今踊っています。

② 彼は今散歩をしています。

③ ルーシー (Lucy) は今コンピュータを使っています。

ボキャブラ最終チェック
このレッスンで出てきた語のスペルと音を確認しよう。

□dance	[déns]	動 踊る	
□take a walk		散歩する	
□doll	[dál]	名 人形	
□skate	[skéit]	動 スケートをする	
□red	[réd]	形 赤い	
□write	[ráit]	動 書く	
□pumpkin	[pʌ́mpkin]	名 カボチャ	
□young	[jʌ́ŋ]	形 若い	
□take a shower		シャワーを浴びる	
□computer	[kəmpjúːtər]	名 コンピュータ	
□river	[rívər]	名 川	
□park	[páːrk]	名 公園	

□now	[náu]	副 今
□make	[méik]	動 作る
□father	[fáːðər]	名 父親
□drive	[dráiv]	動 運転する
□car	[káːr]	名 車
□e-mail	[íːméil]	名 電子メール
□pie	[pái]	名 パイ
□man	[mǽn]	名 男性
□use	[júːz]	動 使う
□swim	[swím]	動 泳ぐ
□run	[rʌ́n]	動 走る

★ドリルと練習問題の答えは別冊P14へ！

レッスン 31 >>> 現在進行形④ 否定文

I'm not writing e-mails now.
（私は今メールを**書いていません**）

He's not studying math now.
（彼は今数学を**勉強していません**）

STEP 1　文法ルールをチェック！

現在進行形を、「〜しているところではありません」という否定文にしてみましょう。

現在進行形〈be動詞の現在形 ＋ 一般動詞のing形〉の否定文は、**be動詞の後ろにnot**を置いて作ります。be動詞のところで学習したように、is not を**isn't**、are not を**aren't** と短縮できます。主語がhe（彼は）やshe（彼女）の場合、he isn'tやshe isn'tと短縮する以外に、**he's not**や**she's not**とすることもできます。

I'm　　writing　e-mails　now.　　　肯定文
➡ **I'm not** writ**ing** e-mails now.　　否定文
　　↑
　　be動詞の後ろにnotを置く！　I am not 〜 . でもOK！

He is　　studying　math　now.　　　肯定文
➡ **He's not** study**ing** math now.　　否定文
　　↑
　　be動詞の後ろにnotを置く！　He is not 〜 . やHe isn't 〜 . でもOK！

✎ **これも覚えよう！**　進行形にしない動詞

英語の一般動詞には、eat（食べる）やstudy（勉強する）などの動作を表す動詞（動作動詞）と、know（知っている）やlove（愛している）などのように状態を表す動詞（状態動詞）があります。一般的に、状態を表す動詞は進行形にできません。

例　「私は彼の兄を知りません」
　　○ **I don't know** his brother.　　× **I am not knowing** his brother.

一瞬でその動作を始めたりやめたりできない動詞が状態動詞だと考えると、わかりやすいでしょう。そのほか、主な状態動詞は以下のようなものです。

□**like**　好きである　　　□**see**　見える　　　□**hear**　聞こえる
□**want**　欲しがっている　□**have**　持っている　□**need**　必要としている

STEP 2　ドリルにチャレンジ！

現在形の否定文を、文末にnowを加え、「今～していません」という現在進行形の否定文に書きかえましょう。❺～❿は短縮形を使いましょう。

❶　I don't write a song.（私は歌を書きません）

⇨ I am not writing a song now.

❷　He doesn't study math.（彼は数学を勉強しません）

⇨ He is not studying math now.

❸　They don't listen to music.（彼らは音楽を聴きません）

⇨

❹　Betty doesn't do the work.（ベティはその仕事をしません）

⇨

❺　She doesn't draw a picture.（彼女は絵を描きません）

⇨ She's not drawing a picture now.

❻　I don't play table tennis.（私は卓球をしません）

⇨

❼　She doesn't use a sleeping bag.（彼女は寝袋を使いません）

⇨ She isn't using a sleeping bag now.

❽　My parents don't eat dinner.（私の両親は夕食を食べません）

⇨

❾　Mary doesn't dance to the music.（メアリーは音楽に合わせて踊りません）

⇨

❿　My brother doesn't talk on the phone.（私の兄は電話で話しません）

⇨

ボキャブラメモ　write 書く／song 歌／now 今／study 勉強する／math 数学／listen to ～を聴く／music 音楽／do する／work 仕事／draw 描く／picture 絵／play （スポーツを）する；（楽器を）演奏する／table tennis 卓球／use 使う／sleeping bag 寝袋／parent 親／eat 食べる／dinner 夕食／dance to the music 音楽に合わせて踊る／brother 兄[弟]／talk on the phone 電話で話す

STEP 3 練習問題にチャレンジ！

A ( )の中から正しいものを選んで丸で囲みましょう。

① She (isn't swimming / not swimming) in the river now.
② He (isn't draw / isn't drawing) a picture now.
③ They (aren't dancing / are dances) to the music now.
④ We (listening not / aren't listening) to music now.

B 現在進行形の否定文を作りましょう。文末にはnowをおきましょう。

① She studies math.

② I use a sleeping bag.

③ He talks on the phone.

④ Mike listens to music.

C 下線部を適切な形にして、( )の中の語句を、日本語に合うように並べかえましょう。

① 私の兄は今お風呂に入っていません。
(bath / taking / my / is / brother / a / not) now.

② マミは今夕食を食べていません。(isn't / eating / Mami / dinner) now.

_____

③ 彼らは今音楽に合わせて踊っていません。
(they / dancing / aren't / music / to / the) now.

_____

D 日本語を英語にしてみましょう。

① 私の兄は今その仕事をしていません。

_____

② 彼女は今寝袋を使っていません。

_____

③ メグ(Megu)は今歌を書いていません。

_____

④ ブラッド(Brad)は今電話で話していません。

_____

ボキャブラ最終チェック　このレッスンで出てきた語のスペルと音を確認しよう。

□write	[ráit]	動	書く		□song	[sɔ́ːŋ]	名	歌
□now	[náu]	副	今		□study	[stʌ́di]	動	勉強する
□math	[mǽθ]	名	数学		□listen to			〜を聴く
□music	[mjúːzik]	名	音楽		□do	[du]	動	する
□work	[wə́ːrk]	名	仕事		□draw	[drɔ́ː]	動	描く
□picture	[píktʃər]	名	絵		□table tennis		名	卓球
□play	[pléi]	動	(スポーツを)する；(楽器を)演奏する		□use	[júːz]	動	使う
					□sleeping bag		名	寝袋
□parent	[pɛ́ərənt]	名	親		□eat	[íːt]	動	食べる
□dinner	[dínər]	名	夕食		□dance to the music			音楽に合わせて踊る
□brother	[brʌ́ðər]	名	兄[弟]		□talk on the phone			電話で話す
□swim	[swím]	動	泳ぐ		□river	[rívər]	名	川

★ドリルと練習問題の答えは別冊P14へ！

レッスン 32 >>> 現在進行形⑤ 疑問文と答え方

Is Tom playing soccer now?
（トムは今サッカーをしていますか）

Yes, he is. / No, he is not.
（はい、しています）　　（いいえ、していません）

STEP 1 　文法ルールをチェック！

　現在進行形を、「～しているところですか」という疑問文にするには、be動詞の疑問文と同じように、be動詞を文の先頭において、〈be動詞＋主語＋一般動詞のing形～ ？〉という形にします。

　答える場合は、〈Yes, 主語 + be動詞.〉（はい、しているところです）、または〈No, 主語 + be動詞 + not.〉（いいえ、しているところではありません）とします。答えの主語は、疑問文の主語に合わせた人称代名詞を用います。

Tom is playing soccer now.　　ふつうの文
主語　be動詞　動詞のing形

be動詞を文の先頭に置く

→ Is Tom playing soccer now?　　疑問文
be動詞　主語　動詞のing形

→ Yes, he is.　　Tomは男性なので、答えには人称代名詞he（彼は）を使う！
主語　be動詞

→ No, he is not. = No, he isn't. = No, he's not.
主語　be動詞 + not　　　　短縮形　　　　短縮形

✐ これも覚えよう！　talk ＋前置詞

「話す」という意味の動詞talkは、前置詞といっしょに使うことがよくあります。
- □ **talk with**　～と話す
- □ **talk to**　～と話す
- □ **talk about**　～について話す

STEP 2　ドリルにチャレンジ！

現在形の疑問文を、文末にnowを加えて「〇〇は今〜していますか」という現在進行形の文に書きかえ、それに対する答えも書きましょう（❼〜❿は短縮形を使いましょう）。

❶ Does Tom play soccer?　⇒トムは今サッカーをしていますか。はい。

⇨ Is Tom playing soccer now? Yes, he is.

❷ Do you study science?　⇒あなたは今科学を勉強していますか。はい。

⇨ Are you studying science now? Yes, I am.

❸ Does Becky look at penguins?　⇒ベッキーは今ペンギンを見ていますか。はい。

⇨ _____

❹ Does Mr. Smith use a phone?　⇒スミス氏は今電話を使っていますか。いいえ。

⇨ _____

❺ Does Ms. Jones write e-mails?　⇒ジョーンズさんは今電子メールを書いていますか。いいえ。

⇨ _____

❻ Does your brother write a song?　⇒あなたの兄は今歌を書いていますか。いいえ。

⇨ _____

❼ Does Mary talk with her mother?　⇒メアリーは今彼女の母親と話をしていますか。いいえ。

⇨ _____

❽ Does Janet talk to a police officer?　⇒ジャネットは今警察官と話していますか。いいえ。

⇨ _____

❾ Do you eat breakfast in the cafeteria?　⇒あなたは今カフェテリアで朝食を食べていますか。いいえ。

⇨ _____

❿ Do the students speak English in the classroom?　⇒生徒たちは今教室で英語を話していますか。いいえ。

⇨ _____

ボキャブラメモ　play （スポーツを）する；(楽器を)演奏する／soccer　サッカー／now　今／study　勉強する／science　科学／look at　〜を見る／penguin　ペンギン／Mr.　〜さん[先生]／use　使う／phone　電話／Ms.　〜さん[先生]／write　書く／e-mail　電子メール／brother　兄[弟]／song　歌／again　再び／talk with　〜と話す／mother　母親／talk to　〜と話す／police officer　警察官／eat　食べる／breakfast　朝食／cafeteria　カフェテリア／student　生徒／speak　話す／English　英語／classroom　教室

STEP 3　練習問題にチャレンジ！

A　(　　)の中から正しいものを選んで丸で囲みましょう。

① (Is she study / Is she studying) English now?

② (Do they eating / Are they eating) breakfast now?

③ Is the woman waiting for Mike?　No, (she doesn't / she isn't).

B　現在進行形の疑問文を作り、(　　)を使って答えましょう。

① She is using a phone now.（No）

② They are talking with my mother now.（Yes）

③ He is writing a song now.（Yes）

④ Mike is looking at you now.（No）

C　(　　)の中の語句を、日本語に合うように並べかえましょう。

① ジャネットは今朝食を食べていますか。はい。
(breakfast / eating / is / Janet) now?　(she / , / is / yes).

② 彼は今科学を勉強していますか。いいえ。
(science / he / studying / is) now?　(no / isn't / , / he).

148

③ ジョンは今サッカーをしていますか。はい。
(soccer / playing / John / is) now? (yes /, / is / he).

④ 彼女は今テレビを見ていますか。いいえ。
(she / watching / is / TV) now? (she / isn't /, / no).

D 日本語を英語にしてみましょう。

① あなたの兄は今歌を書いているところですか。はい。

② ジャネット(Janet)は今警察官と話していますか。いいえ。

③ 彼らは今科学を勉強しているところですか。はい。

④ スミス氏(Mr. Smith)は今電話を使っていますか。いいえ。

ボキャブラ最終チェック このレッスンで出てきた語のスペルと音を確認しよう。

語	発音	品詞	意味
□play	[pléi]	動	(スポーツを)する；(楽器を)演奏する
□now	[náu]	副	今
□look at			〜を見る
□Mr.	[místər]	名	〜さん[先生]
□phone	[fóun]	名	電話
□write	[ráit]	動	書く
□brother	[bráðər]	名	兄[弟]
□talk with			〜と話す
□talk to			〜と話す
□eat	[íːt]	動	食べる
□cafeteria	[kæfətíəriə]	名	カフェテリア
□speak	[spíːk]	動	話す
□classroom	[klǽsruːm]	名	教室
□wait for			〜を待つ
□soccer	[sákər]	名	サッカー
□study	[stʌ́di]	動	勉強する
□science	[sáiəns]	名	科学
□penguin	[péŋgwin]	名	ペンギン
□use	[júːz]	動	使う
□Ms.	[míz]	名	〜さん[先生]
□e-mail	[íːméil]	名	電子メール
□song	[sɔ́ːŋ]	名	歌
□mother	[mʌ́ðər]	名	母親
□police officer		名	警察官
□breakfast	[brékfəst]	名	朝食
□student	[stjúːdnt]	名	生徒
□English	[íŋgliʃ]	名	英語
□woman	[wúmən]	名	女性

★ドリルと練習問題の答えは別冊P15へ！

チャレンジ！　復習テスト③

A （　）に入る最も適切なものを選びましょう。

① I （　） the guitar.
　(1) am play　　(2) playing　　(3) am playing

② My father （　） milk now.
　(1) is drinking　(2) drinks　　(3) drinking

③ （　） Bob and Mike studying math?
　(1) Are　　　(2) Does　　(3) Do

B 以下の動詞の意味と、現在進行形のときに用いるingの形を書きましょう。

① talk　（　　　　　　）　② watch　（　　　　　　　）

③ drink　（　　　　　　）　④ play　（　　　　　　　）

⑤ write　（　　　　　　）　⑥ use　（　　　　　　　）

⑦ swim　（　　　　　　）　⑧ look　（　　　　　　　）

C 指示にしたがって、全文を書きかえましょう

① Emily makes a cake.（現在進行形の文に）

---

② She takes a shower every morning.（every morningをnowにして現在進行形の文に）

---

③ They are cooking dinner now.（否定文に）

---

④ My sister is skating now.（疑問文にして、Noで答える）

D （　）の中の語句を、日本語に合うように並べかえましょう。

① 彼女は散歩をしているところです。(walk / she / a / taking / is).

② 私の母はお皿を洗っていません。(dishes / my / washing / isn't / the / mother).

③ 私は今メールを書いていません。(writing / not / e-mails / I'm) now.

④ あなたの兄は今、韓国語を話していますか。いいえ。
(Korean / brother / speaking / your / is) now? (no / isn't /, / he).

E 文の中の間違っている1ヵ所を丸で囲み、正しい文に書きかえましょう。

① The boy playing tennis now.

② Does she eating breakfast now?

③ Mary doesn't using a pen now.

④ They are swimming in the pool now.

★ドリルと練習問題の答えは別冊P16へ！

●監修者・著者紹介

安河内哲也　Yasukochi Tetsuya

　1967年生まれ。東進ビジネススクール・東進ハイスクール講師、言語文化舎代表。帰国子女でも留学経験者でもないが、TOEIC TESTにおいて、リスニング、リーディング、スピーキング、ライティングでの合計1390点満点取得をはじめ、国連英検特A級、英検1級、通訳案内士など10以上の英語資格を取得。独自のメソッドを詰め込んだ熱い講義は多くの人から絶賛される。著書は『新TOEIC TEST英文法・語彙スピードマスター』『ゼロからスタート　英文法』『ゼロからスタート　リスニング』『小学英語スーパードリル①②③』(以上、Jリサーチ出版)ほか70冊以上に及ぶ。URLはwww.yasukochi.jp

杉山一志　Sugiyama Kazushi

　1977年生まれ。同志社大学卒。東進衛星予備校・中学ネット講師、Ｚ会(東大マスターズ)英語科講師。教材開発・企業翻訳なども行う。著書に『魔法の中学英語』(Jリサーチ出版)、『小学英語スーパードリル②③（共著／Jリサーチ出版)、『中学英文法パターンドリル中1・中2・中3』(文英堂)、『中学英単語Max2300』(文英堂)、『短期で攻める英語長文読解レベル1・2・3・4』(共著／ピアソン桐原)がある。実用英語検定1級・TOEIC テスト975点などを取得。

カバーデザイン	土岐晋二 (d-fractal)
本文デザイン／DTP	株式会社ゼロメガ
CDナレーション	Rachel Walzer
編集協力	佐藤誠司

中学英語スーパードリル　中1 前期

平成25年(2013年) 7月10日　初版第1刷発行
令和4年(2022年) 3月10日　　　第6刷発行

監修者	安河内哲也
著者	杉山一志
発行人	福田富与
発行所	有限会社　Jリサーチ出版
	〒166-0002　東京都杉並区高円寺北2-29-14-705
	電話 03(6808)8801㈹　FAX 03(5364)5310㈹
	編集部 03(6808)8806
	http://www.jresearch.co.jp/
印刷所	㈱シナノ パブリッシング プレス

ISBN978-4-86392-143-6　禁無断転載。なお、乱丁・落丁本はおとりかえいたします。
©2013 Tetsuya Yasukochi, Kazushi Sugiyama, All rights reserved.

中学英語スーパードリル

中1 前期

ドリルと練習問題の解答

Jリサーチ出版

レッスン1

☞ **STEP2**

1. I am Mike.（私はマイクです）
2. I am a teacher.（私は教師です）
3. You are a student.（あなたは生徒です）
4. You are a singer.（あなたは歌手です）
5. You are a boy.（あなたは少年です）
6. I'm young.（私は若いです）
7. I'm busy.（私は忙しいです）
8. I'm tired.（私は疲れています）
9. You're rich.（あなたは裕福です）
10. You're active.（あなたは行動的です）

☞ **STEP3**

A ① am ② are ③ am ④ are ⑤ am

B ① I am tired
　② You are active
　③ I am a singer
　④ You are a boy
　⑤ I am Mika

C ① I am [I'm] a student.
　② I am [I'm] busy.
　③ I am [I'm] Mike.
　④ You are [You're] a teacher.
　⑤ You are [You're] young.

レッスン2

☞ **STEP2**

1. He is Bob.（彼はボブです）
2. He is a cook.（彼は料理人です）
3. She is a writer.（彼女は作家です）
4. She is a nurse.（彼女は看護師です）
5. She is a musician.（彼女は音楽家です）
6. He's honest.（彼は正直です）
7. He's healthy.（彼は健康です）
8. He's tall.（彼は背が高いです）
9. She's sick.（彼女は病気です）
10. She's calm.（彼女はおだやかです）

STEP3

A ① is ② is ③ is ④ is ⑤ is

B ① He is honest
　② She is healthy
　③ He is tall
　④ She is a teacher.
　⑤ He is a musician.

C ① He is [He's] a writer.
　② She is [She's] a cook.
　③ He is [He's] sick.
　④ She is [She's] tall.
　⑤ He is [He's] calm.

レッスン3

STEP2

1．We are friends.（私たちは友だちです）
2．We are pilots.（私たちはパイロットです）
3．We are students.（私たちは生徒です）
4．They are doctors.（彼らは医者です）
5．They are cartoonists.（彼らはマンガ家です）
6．We're very sad.（私たちはとても悲しいです）
7．We're very happy.（私たちはとても幸せです）
8．They're famous.（彼らは有名です）
9．They're Japanese.（彼らは日本人です）
10．They're very busy.（彼らはとても忙しいです）

STEP3

A ① are ② are ③ are ④ are ⑤ are

B ① We are Japanese
　② They are very healthy
　③ They are famous
　④ We are very sad
　⑤ They are friends

C ① They are [They're] students.
　② We are [We're] doctors.
　③ They are [They're] very busy.
　④ We are [We're] very happy.
　⑤ They are [They're] very sad.

レッスン4

STEP2

1．This is Mike.（こちらはマイクです）
2．This is a bank.（これは銀行です）
3．This is a window.（これは窓です）
4．This is a large station.（これは大きな駅です）
5．This is beautiful.（これは美しいです）
6．That's a cup.（あれはカップです）
7．That's an apple.（あれはリンゴです）
8．That's an orange.（あれはオレンジです）
9．That's small.（あれは小さいです）
10．That's a good piano.（あれはよいピアノです）

STEP3

A ① is ② is ③ is ④ is ⑤ is

B ① This is a bank
　② That is beautiful
　③ This is David
　④ That is a teacher
　⑤ That's a large station

C ① This is Mike.
　② That is [That's] small.
　③ This is an orange.
　④ This is a good piano.
　⑤ That is [That's] beautiful.

レッスン5

STEP2

1．This meal is good.（この食事はよいです）
2．This cake is delicious.（このケーキはおいしいです）
3．This room is dark.（この部屋は暗いです）
4．This pen is useful.（このペンは役に立ちます）
5．This box is too big.（この箱は大きすぎます）
6．That man is old.（あの男性は年をとっています）
7．That gate is black.（あの門は黒いです）
8．That cat is white.（あのネコは白いです）
9．That place is too far.（あの場所は遠すぎます）
10．That woman is a famous actress.
　（あの女性は有名な女優です）

STEP3

A ① is ② is ③ is ④ is ⑤ is

B ① This student is very tall
　② This room is dark
　③ That man is young
　④ This pen is useful
　⑤ That place is too far

C ① This meal is good.
　② That cake is delicious.
　③ This box is too small.
　④ That gate is black.
　⑤ That woman is a famous actress.

レッスン6

☞ **STEP2**

1. I am happy.（私は幸せです）
2. This is new.（これは新しいです）
3. She is young.（彼女は若いです）
4. They are angry.（彼らは怒っています）
5. He is a big man.（彼は大きな男です）
6. That bag is light.（あのかばんは軽いです）
7. Mary is a kind girl.（メアリーは親切な少女です）
8. This suitcase is heavy.
　（このスーツケースは重いです）
9. This is a small animal.（これは小さな動物です）
10. They are fast runners.（彼らは速いランナーです）

☞ **STEP3**

A ① young　② heavy　③ new
　④ angry　⑤ good

B ① This student is very tall.
　② That bag is light
　③ This suitcase is heavy
　④ That man is very old
　⑤ They are fast runners

C ① This man is very kind.
　② That suitcase is new.
　③ This is a small animal.
　④ He is [He's] a big man.
　⑤ That is [That's] a rich man.

レッスン7

☞ **STEP2**

1. These are true.（これらは本当です）
2. These are high.（これらは高いです）
3. These are e-mails.（これらは電子メールです）
4. These are desks.（これらは机です）
5. These are jackets.（これらはジャケットです）
6. Those are short.（あれらは短いです）
7. Those are cows.（あれらはメウシです）
8. Those are presents.（あれらはプレゼントです）
9. Those are cameras.（あれらはカメラです）
10. Those are excellent.（あれらは素晴らしいです）

☞ **STEP3**

A ① These are pianos.
　② Those are cameras.
　③ These are desks.
　④ Those are true.
　⑤ These are excellent.

B ① These are e-mails
　② Those are presents
　③ These are jackets
　④ Those are cows
　⑤ These are excellent

C ① Those are cameras.
　② These are true.
　③ Those are desks.
　④ These are doctors.
　⑤ Those are teachers.

レッスン8

☞ **STEP2**

1. These trees are old.
　（これらの木は高齢です）
2. These roses are nice.
　（これらのバラは素敵です）
3. These sheep are cute.
　（これらのヒツジはかわいいです）
4. These pens are useful.
　（これらのペンは役に立ちます）
5. These chairs are small.
　（これらのいすは小さいです）
6. Those boys are my sons.
　（あれらの少年たちは私の息子です）
7. Those buses are big.
　（あれらのバスは大きいです）
8. Those fish are small.
　（あれらの魚は小さいです）
9. Those rooms are clean.
　（あれらの部屋はきれいです）
10. Those computers are expensive.
　（あれらのコンピュータは高価です）

☞ **STEP3**

A ① These trees are very old.
② Those pens are useful.
③ These boys are students.
④ Those rooms are clean.
⑤ These computers are good.

B ① Those boys are my sons
② Those pens are useful
③ These rooms are clean
④ Those boys are students
⑤ These computers are old

C ① These roses are nice.
② Those bags are expensive.
③ These chairs are small.
④ Those buses are big.
⑤ These rooms are clean.

― レッスン9 ―

☞ **STEP2**

1. I am not a teacher.
   （私は教師ではありません）
2. You are not a nurse.
   （あなたは看護師ではありません）
3. He is not a doctor.
   （彼は医者ではありません）
4. Maki is not my daughter.
   （マキは私の娘ではありません）
5. We are not happy.
   （私たちはうれしくありません）
6. They aren't poor.
   （彼らは貧しくありません）
7. This isn't my name.
   （これは私の名前ではありません）
8. That theater isn't old.
   （あの劇場は古くありません）
9. These ideas aren't bad.
   （これらのアイデアは悪くありません）
10. Those apples aren't sweet.
    （あれらのリンゴは甘くありません）

☞ **STEP3**

A ① Maki is not [isn't] my daughter.
② We are not [aren't] happy.
③ They are not [aren't] poor.
④ I am not [I'm not] a teacher.
⑤ That theater is not [isn't] old.

B ① These ideas are not good
② You aren't young
③ She isn't my friend
④ I am not a nurse
⑤ This theater is not old

C ① This isn't [is not] my name.
② We aren't [are not] doctors.
③ He isn't [is not] poor.
④ These apples aren't [are not] sweet.
⑤ These ideas aren't [are not] bad.

― レッスン10 ―

☞ **STEP2**

1. Are you Robert?
   （あなたはロバートですか）
2. Are you a high school student?
   （あなたは高校生ですか）
3. Is she sad?（彼女は悲しんでいますか）
4. Is she your aunt?
   （彼女はあなたのおばですか）
5. Is that man busy?
   （あちらの男性は忙しいですか）
6. Is this your phone number?
   （これはあなたの電話番号ですか）
7. Is he a junior high school student?
   （彼は中学生ですか）
8. Are these tapes?
   （これらはテープですか）
9. Are those books interesting?
   （あれらの本は面白いですか）
10. Are Mike and John journalists?
    （マイクとジョンはジャーナリストですか）

☞ **STEP3**

A ① Is Tom tall?
② Is she sad?
③ Are you a student?
④ Is that woman beautiful?
⑤ Are these animals sheep?

B ① Are you Robert

② Are these computers useful
③ Is that man young
④ Is Nancy your friend
⑤ Is she your aunt

C ① Is this book interesting?
② Are you high school students?
③ Are these tapes?
④ Are they journalists?
⑤ Is this your phone number?

レッスン11

☞ **STEP2**

1. Are you sad? Yes, I am.
   (あなたは悲しいですか。はい)
2. Are you hungry? No, I am not.
   (あなたは空腹ですか。いいえ)
3. Is he a painter? Yes, he is.
   (彼は画家ですか。はい)
4. Is Jane a nurse? No, she is not.
   (ジェーンは看護師ですか。いいえ)
5. Is she an English teacher? Yes, she is.
   (彼女は英語の教師ですか。はい)
6. Is that a lion? No, it isn't. / No, it's not.
   (あれはライオンですか。いいえ)
7. Is that novel good? Yes, it is.
   (あの小説はよいですか。はい)
8. Are these eggs? No, they aren't.
   (これらは卵ですか。いいえ)
9. Are they zebras? Yes, they are.
   (それらはシマウマですか。はい)
10. Are those boys cheerful? No, they aren't.
    (あれらの少年たちは元気ですか。いいえ)

☞ **STEP3**

A ① Is Robert hungry? Yes, he is.
② Are they happy? No, they aren't [are not].
③ Is that man poor? Yes, he is.
④ Are you a teacher? No, I'm not [I am not].
⑤ Are those animals lions? Yes, they are.

B ① Are these books useful / Yes, they are
② Is he a painter / No, he is not
③ Is that novel good / Yes, it is
④ Are you an English teacher / No, I'm not

C ① Is this book interesting? Yes, it is.
② Are you nurses? No, we aren't [are not].
③ Is that boy cheerful? Yes, he is.
④ Are those boys sad? No, they aren't [are not].
⑤ Are they zebras? Yes, they are.

レッスン12

☞ **STEP2**

1. They are boys.
   (彼らは少年です)
2. We are students.
   (私たちは生徒です)
3. You are tall men.
   (あなたたちは背の高い男性です)
4. Those are knives.
   (あれらはナイフです)
5. These are watches.
   (これらは腕時計です)
6. These are old cities.
   (これらは古い都市です)
7. Those are small fish.
   (あれらは小さな魚です)
8. These children are cute.
   (これらの子供たちはかわいいです)
9. Those dishes are expensive.
   (あれらのお皿は高価です)
10. These tomatoes are delicious.
    (これらのトマトはおいしいです)

☞ **STEP3**

A ① boys ② cities ③ watches
④ dishes ⑤ fish ⑥ knives
⑦ men ⑧ women
⑨ children ⑩ sheep

B ① They are boys.
② They are kind teachers.
③ Those men are very tall.
④ These apples are very sweet.
⑤ Those animals are sheep.

C ① These are knives.
② Those are dishes.
③ These children are cute.
④ Those tomatoes are delicious.

⑤ These watches are very expensive.

レッスン13

☞ **STEP2**

1. This is my dog.
   （これは私のイヌです）

2. That is your book.
   （あれはあなたの本です）

3. This is Mike's car.
   （これはマイクの車です）

4. These are Aki's cameras.
   （これらはアキのカメラです）

5. Those are her dictionaries.
   （あれらは彼女の辞書です）

6. Our bags are small.
   （私たちのかばんは小さいです）

7. This dog's hair is long.
   （この犬の毛は長いです）

8. Kim's children are cute.
   （キムの子どもたちはかわいいです）

9. Their father is a professor.
   （彼らの父親は教授です）

10. His father's name is Ken Tanaka.
    （彼の父の名前は田中建です）

☞ **STEP3**

A ① Mike's ② Nancy's ③ our
　 ④ Your ⑤ father's

B ① These are his dictionaries
　 ② Our bags are small
　 ③ That dog's hair is long
　 ④ Emily's children are cute
　 ⑤ Their father is a professor

C ① This is my car.
　 ② Those are his cameras.
　 ③ Her hair is very long.
　 ④ His son's name is John.
　 ⑤ Their children are cute.

チャレンジ！復習テスト①

A ①(2) ②(2) ③(2) ④(3)

B ① 少年 boys
　 ② 先生 teachers

③ ピアノ pianos
④ お皿 dishes
⑤ 女性 women
⑥ 子ども children
⑦ 都市 cities
⑧ ナイフ knives

C ① Tom is not [isn't] a doctor.
　 ② Is Mike tall? Yes, he is.
　 ③ Are they Japanese? No, they aren't [are not].
　 ④ These are apples.

D ① Is your father a doctor
　 ② She isn't an English teacher
　 ③ These dictionaries are very useful
　 ④ Are those novels good / Yes, they are

E ① a → 削除する
　 ② childs → children
　 ③ is → are
　 ④ This meal is → Is this meal

レッスン14

☞ **STEP2**

1. I like Mary.
   （私はメアリーが好きです）

2. I like bread.
   （私はパンが好きです）

3. You like math.
   （あなたは数学が好きです）

4. You like Osaka.
   （あなたは大阪が好きです）

5. We like music.
   （私たちは音楽が好きです）

6. We like baseball.
   （私たちは野球が好きです）

7. They like this song.
   （彼らはこの歌が好きです）

8. They like chicken.
   （彼らはチキンが好きです）

9. I like this house very much.
   （私はこの家がとても好きです）

10. We like these flowers very much.
    （私たちはこれらの花がとても好きです）

☞ STEP3

A ① like ② like ③ like ④ like ⑤ like

B ① You like math
　② They like baseball
　③ We like music
　④ I like Mike very much
　⑤ They like this house very much

C ① I like bread.
　④ We like John.
　② You like this book.
　⑤ They like math very much.
　③ They like these flowers very much.

レッスン15

☞ STEP2

1. I play rugby.
　（私はラグビーをします）
2. I play the drum.
　（私はたいこを演奏します）
3. I play the organ.
　（私はオルガンを演奏します）
4. You play the flute.
　（あなたはフルートを演奏します）
5. You play the guitar.
　（あなたはギターを演奏します）
6. You play the violin.
　（あなたはバイオリンを演奏します）
7. We play baseball.（私たちは野球をします）
8. Bob and I play basketball.
　（ボブと私はバスケットボールをします）
9. They play soccer.（彼らはサッカーをします）
10. Ken and Aki play table tennis.
　（ケンとアキは卓球をします）

☞ STEP3

A ① play ② play ③ play
　④ play ⑤ play

B ① You play baseball
　② They play the guitar
　③ I play the organ
　④ I play soccer
　⑤ We play rugby

C ① We play table tennis.
　② They play soccer.
　③ I play the drum.
　④ You play the flute.
　⑤ Ken and Aki play basketball.

レッスン16

☞ STEP2

1. I remember Tom.
　（私はトムを覚えています）
2. You know Mary.
　（あなたはメアリーを知っています）
3. Jim and I watch the game.
　（ジムと私はその試合を見ます）
4. We often meet him.
　（私たちはしばしば彼に会います）
5. You often take a walk.
　（あなたはしばしば散歩をします）
6. I always use this bat.
　（私はいつもこのバットを使います）
7. I usually have breakfast.
　（私はふだん朝食を食べます）
8. You usually speak Spanish.
　（あなたはふだんスペイン語を話します）
9. They sometimes speak Korean.
　（彼らはときどき韓国語を話します）
10. Ken and Yuka study math very hard.
　（ケンとユカはとても熱心に数学を勉強します）

☞ STEP3

A ① speak ② watch ③ know
　④ use ⑤ remember

B ① I usually have breakfast
　② They study math hard
　③ We sometimes watch TV
　④ I know Tom
　⑤ They remember Ken

C ① I usually speak Japanese.
　② We study English very hard.
　③ I remember these men.
　④ You sometimes meet Nancy.
　⑤ Tom and Mike often take a walk.

レッスン17

☞ **STEP2**

1. I do not like mice.
  （私はネズミが好きではありません）
2. I do not have any pens.
  （私はペンを(1本も)持っていません）
3. I do not want anything.
  （私は何も望みません）
4. You do not speak Chinese.
  （あなたは中国語を話しません）
5. You do not have the badge.
  （あなたはそのバッヂを持っていません）
6. They don't trust Kate.
  （彼らはケイトを信用していません）
7. We don't speak French.
  （私たちはフランス語を話しません）
8. Mike and I don't eat lunch.
  （マイクと私は昼食を食べません）
9. They don't play the piano.
  （彼らはピアノを演奏しません）
10. Bob and Mike don't know Jim.
  （ボブとマイクはジムを知りません）

☞ **STEP3**

A ① don't speak ② don't like
  ③ do not know ④ do not trust

B ① You don't know Bob.
  ② I don't play the guitar.
  ③ They don't speak English.
  ④ Mike and David don't remember that woman.

C ① I do not eat breakfast
  ② They don't speak English
  ③ They do not play the piano
  ④ I don't know Kate

D ① I don't speak English.
  ② We don't like math.
  ③ I don't play the flute.
  ④ They don't have any pens.
  ※ **B D** の don't は do not でもよいです。

レッスン18

☞ **STEP2**

1. Do you like beef?
  （あなたはビーフが好きですか）
2. Do you need a map?
  （あなたは地図が必要ですか）
3. Do you play the piano?
  （あなたはピアノを演奏しますか）
4. Do you want anything?
  （あなたは何か欲しいですか）
5. Do you always use this pencil?
  （あなたはいつもこの鉛筆を使いますか）
6. Do they know Tom?
  （彼らはトムを知っていますか）
7. Do they have any pets?
  （彼らは何かペットを飼っていますか）
8. Do Bob and Tom like tennis?
  （ボブとトムはテニスが好きですか）
9. Do the boys speak Japanese?
  （その少年たちは日本語を話しますか）
10. Do they visit Osaka every year?
  （彼らは毎年大阪を訪れますか）

☞ **STEP3**

A ① Do you like ② Do you want
  ③ Do they know

B ① Do you always use that computer?
  ② Do they speak English?
  ③ Do they often meet Yuka?
  ④ Do Mike and Ken know my father?

C ① Do you always use this pencil
  ② Do they have any pets
  ③ Do you want anything
  ④ Do you know Bob

D ① Do you visit Kyoto every year?
  ② Do they know that doctor?
  ③ Do you speak Japanese?
  ④ Do the boys need this map?

レッスン19

☞ **STEP2**

1. Do you know Tom? Yes, I do.
  （あなたはトムを知っていますか。はい）
2. Do you want a present? No, I do not.
  （あなたはプレゼントが欲しいですか。いいえ）
3. Do you have an umbrella? Yes, I do.

（あなたは傘を持っていますか。はい）

4．Do you live in New York? No, I do not.
（あなたはニューヨークに住んでいますか。いいえ）

5．Do you always wear glasses? Yes, I do.
（あなたはいつもメガネをかけていますか。はい）

6．Do you usually walk to the station? No, I don't.
（あなたはふだんその駅まで歩いて行きますか。いいえ）

7．Do they collect stamps? Yes, they do.
（彼らは切手を集めていますか。はい）

8．Do they often visit China? No, they don't.
（彼らはよく中国を訪問しますか。いいえ）

9．Do they usually use these pencils?
Yes, they do.
（彼らはふだんこれらの鉛筆を使いますか。はい）

10．Do Tom and Cathy usually have breakfast?
No, they don't.
（トムとキャシーはふだん朝食を食べますか。いいえ）

☞ STEP3

A ① Yes, I [we] do.
② No, I [we] do not [don't].
③ Yes, they do.
④ No, they don't [do not].

B ① Do you always use that computer?
Yes, I do.
② Do they collect stamps? No, they don't.
③ Do you have an umbrella? Yes, I [we] do.
④ Do they usually walk to the station?
No, they don't.

C ① Do you usually eat lunch / Yes, I do
② Do they study math / No, they don't
③ Do the students often walk to school /
Yes, they do
④ Do you want a present / No, I don't

D ① Do you visit China every year? Yes, I do.
② Do they collect stamps? No, they don't.
③ Do you live in New York? Yes, we do.

■ レッスン20

☞ STEP2

1．He likes spring.（彼は春が好きです）
2．He likes summer.（彼は夏が好きです）
3．He likes Australia.

（彼はオーストラリアが好きです）

4．He likes fishing very much.
（彼は魚釣りがとても好きです）

5．My father likes winter.（私の父は冬が好きです）

6．She likes dolphins.（彼女はイルカが好きです）

7．She likes the player.（彼女はその選手が好きです）

8．She likes scuba diving.
（彼女はスキューバダイビングが好きです）

9．She likes folk songs very much.
（彼女はフォークソングがとても好きです）

10．My mother likes autumn [fall].
（私の母は秋が好きです）

☞ STEP3

A ① likes ② likes ③ likes ④ likes

B ① She likes spring.
② My brother likes Australia.
③ The woman likes autumn.
④ He likes Kyoto.

C ① He likes English
② Mike likes baseball
③ Mr. Kimura likes Australia
④ She likes Bob very much
⑤ He likes fall very much

D ① She likes winter.
② He likes that player.
③ The man likes dolphins very much.
④ My father likes Japan very much.

■ レッスン21

☞ STEP2

1．He plays tennis.（彼はテニスをします）

2．Tom plays the drum.
（トムはたいこを演奏します）

3．The boy plays rugby.
（その少年はラグビーをします）

4．Jake plays the violin.
（ジェイクはバイオリンを演奏します）

5．My brother plays football.
（私の兄はフットボールをします）

6．She plays the organ.
（彼女はオルガンを演奏します）

7．Jane plays basketball.

（ジェーンはバスケットボールをします）

8．The girl plays the trumpet.
　　（その少女はトランペットを演奏します）

9．Yumi plays volleyball very well.
　　（ユミはとても上手にバレーボールをします）

10．My sister plays the bass very well.
　　（私の姉はとても上手にベースを演奏します）

☞ **STEP3**

A ① plays　② plays　③ plays

B ① He plays the bass very well.
　　② She plays the violin.
　　③ The man plays tennis.
　　④ My father plays the drum.

C ① My brother plays basketball
　　② He plays the guitar
　　③ Kate plays volleyball
　　④ She plays the trumpet
　　⑤ Mike plays rugby

D ① My sister plays tennis.
　　② He plays football.
　　③ She plays the drum.
　　④ Ken plays the violin.

レッスン22

☞ **STEP2**

1．Mary writes letters.
　　（メアリーは手紙を書きます）

2．Janet runs very fast.
　　（ジャネットはとても速く走ります）

3．The girl makes biscuits.
　　（その少女はビスケットを作ります）

4．She gets up early every day.
　　（彼女は毎日早く起きます）

5．She drinks milk every morning.
　　（彼女は毎朝牛乳を飲みます）

6．Jim loves Kate very much.
　　（ジムはケイトをとても愛しています）

7．He takes a bath every night.
　　（彼は毎晩お風呂に入ります）

8．Tom cooks supper every day.
　　（トムは毎日夕飯を作ります）

9．He reads a newspaper every day.

（彼は毎日新聞を読みます）

10．The rabbit eats a carrot every day.
　　（そのウサギは毎日ニンジンを食べます）

☞ **STEP3**

A ① writes　② makes　③ reads　④ drinks

B ① He runs very fast.
　　② She takes a bath every night.
　　③ Rob loves Kate.
　　④ My brother reads a newspaper every day.

C ① He eats breakfast
　　② She speaks English well
　　③ Mike drinks milk
　　④ The girl makes biscuits

D ① Tom runs fast.
　　② Janet takes a bath every night.
　　③ He reads a newspaper every day.
　　④ The rabbit eats a carrot every day.

レッスン23

☞ **STEP2**

1．He studies Chinese.
　　（彼は中国語を勉強します）

2．He watches TV every day.
　　（彼は毎日テレビを見ます）

3．The actor tries everything.
　　（その俳優は何でも挑戦します）

4．Mr. White teaches English to Ken.
　　（ホワイト氏はケンに英語を教えます）

5．Tom washes his bike every Sunday.
　　（トムは毎週日曜日に彼の自転車を洗います）

6．She teaches music to them.
　　（彼女は彼らに音楽を教えます）

7．Kim watches soccer games on TV.
　　（キムはテレビでサッカーの試合を見ます）

8．The tourist carries a lot of guidebooks.
　　（その旅人はたくさんのガイドブックを持ち歩きます）

9．The cat catches mice.
　　（そのネコはネズミを捕まえます）

10．The big bird flies very fast.
　　（その大きな鳥はとても速く飛びます）

☞ **STEP3**

A ① studies　② washes　③ tries

B ① He always carries this guidebook.
　② She usually studies Chinese.
　③ Nancy often teaches English to him.
　④ My brother tries everything.
C ① The bird flies
　② She studies English very hard
　③ He often teaches Chinese
　④ The cat catches mice
D ① He studies Chinese.
　② She watches soccer games on TV.
　③ The tourist carries a lot of guidebooks.
　④ The actor tries everything.

レッスン24

☞ STEP2

1．Kate has long hair.
　（ケイトは長い髪を持っています）
2．Japan has four seasons.
　（日本は4つの季節を持っています）
3．The actress has two dogs.
　（その女優は2匹の犬を飼っています）
4．One hour has 60 minutes.
　（1時間は60分です）
5．The office has three rooms.
　（そのオフィスは3つの部屋を持っています）
6．Mike goes to school every day.
　（マイクは毎日学校へ行きます）
7．Lucy goes to church in the evening.
　（ルーシーは夕方、教会に行きます）
8．My family goes to the store every week.
　（私の家族は毎週その店に行きます）
9．Brad goes to the library in the afternoon.
　（ブラッドは午後、その図書館に行きます）
10．The worker goes to the office every morning.
　（その労働者は毎朝そのオフィスに行きます）

☞ STEP3

A ① has　② has　③ has　④ goes
B ① He has two dogs.
　② She goes to the office every morning.
　③ David has three Japanese dictionaries.
　④ Rob goes to church every Sunday.
C ① Tom goes to the store

　② She has three children
　③ One hour has 60 minutes
D ① Jane has long hair.
　② She goes to school every day.
　③ Japan has four seasons.
　④ The office has five rooms.

レッスン25

☞ STEP2

1．Tom does not watch TV.
　（トムはテレビを見ません）
2．He does not like pancakes.
　（彼はパンケーキが好きではありません）
3．He does not have any pets.
　（彼はペットを何も飼っていません）
4．She does not play the piano.
　（彼女はピアノを演奏しません）
5．Jake does not clean his room.
　（ジェイクは彼の部屋を掃除しません）
6．She doesn't read paperbacks.
　（彼女はペーパーバックを読みません）
7．My sister doesn't go to the library.
　（私の姉はその図書館へ行きません）
8．The woman doesn't live in this city.
　（その女性はこの都市に住んでいません）
9．The tourist doesn't stay in London.
　（その旅行者はロンドンに滞在していません）
10．My father doesn't take a shower in the morning.
　（私の父は朝シャワーを浴びません）

☞ STEP3

A ① doesn't play
　② doesn't watch
　③ does not have
　④ does not clean
B ① He doesn't know Bob.
　② My son doesn't go to school on Sundays.
　③ She doesn't read paperbacks.
　④ Mike doesn't live in London.
　※doesn'tはdoes notでもOKです。
C ① He does not eat lunch
　② She doesn't speak English

③ Kate does not study math

④ Tom doesn't live in this city

D ① Jim doesn't like pancakes.

② She doesn't play the piano.

③ My sister doesn't take a shower in the morning.

④ The tourist doesn't stay in Tokyo.

※doesn'tはdoes notでもOKです。

レッスン26

☞ STEP2

1. Does Sally have a ring?
   （サリーは指輪を持っていますか）

2. Does she like the necklace?
   （彼女はそのネックレスが好きですか）

3. Does she have a unicycle?
   （彼女は一輪車を持っていますか）

4. Does David wear a uniform?
   （デイビッドは制服を着ていますか）

5. Does Rob know the waitress?
   （ロブはそのウェイトレスを知っていますか）

6. Does your grandfather know me?
   （あなたの祖父は私を知っていますか）

7. Does the girl play the flute well?
   （その少女は上手にフルートを演奏しますか）

8. Does he meet his friend every day?
   （彼は毎日彼の友だちに会いますか）

9. Does Jane write a letter every Sunday?
   （ジェーンは毎週日曜に手紙を書きますか）

10. Does your son swim in the river every weekend?
    （あなたの息子は毎週末、川で泳ぎますか）

☞ STEP3

A ① Does Kate like

② Does he have

③ Does David know

④ Does the girl

B ① Does she have a ring?

② Does he wear a uniform?

③ Does your grandfather know David?

④ Does Mike meet his friend every day?

C ① Does she study math?

② Does Mike watch TV?

③ Does Nancy know Bob?

④ Does Yuka have a unicycle?

D ① Does he write a letter every Sunday?

② Does the waitress wear a uniform?

③ Does your son play the flute well?

④ Does Rob swim in the river every weekend?

レッスン27

☞ STEP2

1. Does Robert drive?
   Yes, he does.
   （ロバートは運転しますか。はい）

2. Does your son live in Paris?
   No, he does not.
   （あなたの息子はパリに住んでいますか。いいえ）

3. Does your aunt study English?
   Yes, she does.
   （あなたのおばは英語を勉強しますか。はい）

4. Does the boy have a new toy?
   No, he does not.
   （その少年は新しいおもちゃを持っていますか。いいえ）

5. Does your uncle love the movie?
   Yes, he does.
   （あなたのおじはその映画が大好きですか。はい）

6. Does the robot walk very well?
   No, it doesn't.
   （そのロボットはとても上手に歩きますか。いいえ）

7. Does Tom go to school every day?
   Yes, he does.
   （トムは毎日学校に行きますか。はい）

8. Does her daughter cook dinner?
   No, she doesn't.
   （彼女の娘は夕食を作りますか。いいえ）

9. Does your office have five rooms?
   Yes, it does.
   （あなたのオフィスには部屋が5つありますか。はい）

10. Does David drink beer every day?
    No, he doesn't.
    （デイビッドは毎日ビールを飲みますか。いいえ）

☞ STEP3

A ① Yes, she does.

② No, he does not [doesn't].

③ Yes, he does.

B ① Does he study English? Yes, he does.
② Does Jane love the movie? No, she doesn't [does not].
③ Does Mike drink beer every day? Yes, he does.
④ Does David cook dinner? No, he doesn't [does not].

C ① Does she drink beer / Yes, she does
② Does this robot walk / No, it doesn't
③ Does Jim go to school every day / Yes, he does
④ Does the boy like you / No, he doesn't

D ① Does your daughter live in Japan? Yes, she does.
② Does your aunt love the movie? No, she doesn't [does not].
③ Does the robot walk well? Yes, it does.
④ Does your uncle cook dinner? No, he doesn't [does not].

チャレンジ！復習テスト②

A ① him ② Her ③ Your ④ us ⑤ my
B ① 持ち歩く carries
② 洗う washes
③ 読む reads
④ 遊ぶ plays
⑤ 滞在する stays
⑥ 好む likes
⑦ 知っている knows
⑧ 持つ has
C ① Mary doesn't make biscuits.
② Does she take a shower every morning? Yes, she does.
③ My mother cooks dinner every night.
④ Do they study English? No, they don't [do not].
D ① Does Sally have a car
② The man doesn't live in this town
③ I usually walk to school
E ① play → plays
② Does → Do

③ take → takes
④ guitar → the guitar
⑤ she doesn't → they don't

レッスン28

☞ **STEP2**

1. I am playing the bass now.
   （私は今ベースを演奏しています）
2. I am playing the violin now.
   （私は今バイオリンを演奏しています）
3. Ann is playing the organ now.
   （アンは今オルガンを演奏しています）
4. She is playing the flute now.
   （彼女は今フルートを演奏しています）
5. Ted is playing the drum now.
   （テッドは今たいこを演奏しています）
6. He is playing the guitar now.
   （彼は今ギターを演奏しています）
7. We are playing baseball now.
   （私たちは今野球をしています）
8. Tom and I are playing soccer now.
   （トムと私は今サッカーをしています）
9. Jim and Lucy are playing tennis now.
   （ジムとルーシーは今テニスをしています）
10. They are playing football in the yard now.
    （彼らは今庭でフットボールをしています）

☞ **STEP3**

A ① is playing ② is playing
③ is playing
B ① You are playing the guitar now.
② I am playing the violin now.
③ They are playing tennis now.
④ Mike and Ken are playing baseball now.
⑤ You are playing the flute now.
C ① My brother is playing baseball
② He is playing the guitar
③ Kate is playing volleyball
④ They are playing table tennis
D ① My sisters are playing tennis now.
② He is playing baseball now.
③ She is playing the drum now.
④ Becky is playing the violin now.

レッスン29

☞ **STEP2**

1. She is cooking lunch now.
   (彼女は今昼食を作っています)
2. Bob is waiting for Mary now.
   (ボブは今、メアリーを待っているところです)
3. I am studying English now.
   (私は今英語を勉強しています)
4. You are washing the dishes now.
   (あなたは今皿を洗っています)
5. They are speaking French now.
   (彼らは今フランス語を話しています)
6. Kate and I are eating dinner now.
   (ケイトと私は今夕食を食べています)
7. We are watching a TV drama now.
   (私たちは今テレビドラマを見ています)
8. The actors are speaking Korean now.
   (その俳優たちは今韓国語を話しています)
9. Ms. Smith is looking at the blackboard now.
   (スミス先生は今黒板を見ているところです)
10. Ken and Aki are walking in the garden now.
    (ケンとアキは今庭を歩いているところです)

☞ **STEP3**

A ① is studying ② is cooking
  ③ is speaking

B ① You are speaking English now.
  ② I am waiting for him now.
  ③ They are cooking lunch now.
  ④ Mike and Ken are watching the movie now.

C ① He is eating dinner
  ② Kate is drinking wine
  ③ She is washing the dishes
  ④ Mike is speaking English

D ① Mr. Smith is looking at the blackboard now.
  ② She is studying math now.
  ③ We are waiting for Jake now.
  ④ They are cooking lunch now.

レッスン30

☞ **STEP2**

1. Tom is dancing now.
   (トムは今踊っています)
2. I am taking a walk now.
   (私は今散歩をしています)
3. She is making a doll now.
   (彼女は今人形を作っています)
4. My father is skating now.
   (私の父は今スケートをしています)
5. He is driving a red car now.
   (彼は今赤い車を運転しています)
6. Mary is writing e-mails now.
   (メアリーは今電子メールを書いています)
7. I'm making a pumpkin pie now.
   (私は今パンプキンパイを作っています)
8. The young man is using a computer now.
   (その若い男性は今コンピュータを使っています)
9. They are swimming in the river now.
   (彼らは今、川で泳いでいます)
10. Mike and Rob are running in the park now.
    (マイクとロブは今公園で走っています)

☞ **STEP3**

A ① is swimming
  ② is taking
  ③ is dancing
  ④ are making

B ① You are taking a walk in the park now.
  ② They are swimming in the river now.
  ③ She is making a doll now.
  ④ Mike is using a computer now.

C ① My brother is talking a shower
  ② He is writing e-mails
  ③ Kate is driving my car
  ④ Mike is running in the park

D ① Mary is dancing now.
  ② He is taking a walk now.
  ③ Lucy is using a computer now.

レッスン31

☞ **STEP2**

1. I am not writing a song now.
   (私は今歌を書いていません)
2. He is not studying math now.
   (彼は今数学を勉強していません)
3. They are not listening to music now.

（彼らは今音楽を聴いているところではありません）

4. Betty is not doing the work now.
（ベティは今その仕事をしていません）

5. She's not drawing a picture now.
（彼女は今絵を描いていません）

6. I'm not playing table tennis now.
（私は今卓球をしていません）

7. She isn't using a sleeping bag now.
（彼女は今寝袋を使っていません）

8. My parents aren't eating dinner now.
（私の両親は今夕食を食べているところではありません）

9. Mary isn't dancing to the music now.
（メアリーは今音楽に合わせて踊っていません）

10. My brother isn't talking on the phone now.
（私の兄は今電話で話していません）

☞ STEP3

A ① isn't swimming　② isn't drawing
　③ aren't dancing　④ aren't listening

B ① She is not studying math now.
　② I am not using a sleeping bag now.
　③ He is not talking on the phone now.
　④ Mike is not listening to music now.

C ① My brother is not taking a bath
　② Mami isn't eating dinner
　③ They aren't dancing to the music

D ① My brother is not doing the work now.
　② She is not using a sleeping bag now.
　③ Megu is not writing a song now.
　④ Brad is not talking on the phone now.
　※ be動詞＋notは短縮形でもOKです。

レッスン32

☞ STEP2

1. Is Tom playing soccer now? Yes, he is.
（トムは今サッカーをしていますか。はい）

2. Are you studying science now? Yes, I am.
（あなたは今科学を勉強していますか。はい）

3. Is Becky looking at penguins now?
Yes, she is.
（ベッキーは今ペンギンを見ていますか。はい）

4. Is Mr. Smith using a phone now?
No, he is not.
（スミス氏は今電話を使っていますか。いいえ）

5. Is Ms. Jones writing e-mails now?
No, she is not.
（ジョーンズさんは今電子メールを書いていますか。いいえ）

6. Is your brother writing a song now?
No, he is not.
（あなたの兄は今歌を書いてますか。いいえ）

7. Is Mary talking with her mother now?
No, she isn't. / No, she's not.
（メアリーは今彼女の母親と話をしていますか。いいえ）

8. Is Janet talking to a police officer now?
No, she's not. / No, she isn't.
（ジャネットは今警察官と話していますか。いいえ）

9. Are you eating breakfast in the cafeteria now?
No, I'm not.
（あなたは今カフェテリアで朝食を食べていますか。いいえ）

10. Are the students speaking English in the classroom now?
No, they aren't.
（生徒たちは今教室で英語を話していますか。いいえ）

☞ STEP3

A ① Is she studying
　② Are they eating
　③ she isn't

B ① Is she using a phone now? No, she isn't [is not]./ No, She's not.
　② Are they talking with my mother now? Yes, they are.
　③ Is he writing a song now? Yes, he is.
　④ Is Mike looking at you now? No, he isn't [is not]. / No, he's not.

C ① Is Janet eating breakfast / Yes, she is
　② Is he studying science / No, he isn't
　③ Is John playing soccer / Yes, he is
　④ Is she watching TV / No, she isn't

D ① Is your brother writing a song now?
　Yes, he is.
　② Is Janet talking to [with] a police officer now? No, she is not.
　③ Are they studying science now?
　Yes, they are.
　④ Is Mr. Smith using a phone now?

No, he is not.

※ be動詞＋notは短縮形でもOKです。

チャレンジ！復習テスト③

A ① (3)　② (1)　③ (1)

B ① 話す talking

② 見る watching

③ 飲む drinking

④ 遊ぶ playing

⑤ 書く writing

⑥ 使う using

⑦ 泳ぐ swimming

⑧ 見る looking

C ① Emily is making a cake.

② She is taking a shower now.

③ They aren't [are not] cooking dinner now.

④ Is my sister skating now?
　　No, she isn't [is not]. / No, She's not.

D ① She is taking a walk

② My mother isn't washing the dishes

③ I'm not writing e-mails

④ Is your brother speaking Korean / No, he isn't

E ① playing → is playing

② Does → Is

③ doesn't → isn't [is not]

④ swiming → swimming

16